！

宅配便でお金を送って！

必ずもうかります！

救急車を呼ぶか迷ったら

➡ #7119（救急安心センター）

火事が起きたら・事故にあったら

➡ 119（消防署・救急車）

キリトリ線

キリトリ線からはさみで切り離して記入し、目立つところに貼りましょう

キリトリ線

キリトリ線

キリトリ線からはさみで切り離して記入し、目立つところに貼りましょう

こんな誘いに気をつけて

すぐにお金が必要

ATMでお金が戻ってきますよ！

こまったときはここに電話

「詐欺かも」と思ったら

➡ **188**（消費者ホットライン）

事件に巻き込まれたら

➡ **110**（警察）

キリトリ線

高齢者を身近な危険から守る本

監修
森 透匡（日本刑事技術協会代表理事）
平松 類（二本松眼科病院副院長）
三平 洵（地域防災支援協会代表理事）

池田書店

プロローグ

「私は大丈夫！」という考えを捨てましょう

「自分に限ってありえない」なんてことはありません

ニセ電話詐欺にあった人や、災害時に避難しなかった人が言うセリフがあります。**「まさか自分が被害にあうなんて思わなかった」**。

その人だけが楽観的なのではありません。人間は誰でも、何か**異常なことが起こっても、それが日常の延長上にあると認識したり、見ないこと（無視）にしたりします。**

さらに、**人間は自分に都合のいい情報しか頭に入れない**傾向にあります。そのため、一回「これが正しい」と思ったら、それが間違っていたとしてもあと戻りするのは、とても難しいのです。

そのため、悪徳業者にどんどんお金をつぎ込んだり、危険なほうに避難したりしてしまうこともあります。

思っていませんか？

詐欺などの事件で…

私が詐欺にひっかかるはずがない

息子の声を間違えるはずがない

あの人が悪い人のはずがない

料理には慣れてるから火事なんて出すはずがない

うちに詐欺の電話がかかってくるなんてありえない

あんなに親切な人が私からお金をとるはずがない

歩き慣れた道で事故にあうわけがない

「これくらいなら大丈夫」という油断が危険を招きます

近年、大きな災害が増えています。大雨がきても「おととしもこれくらい降ったな。**そのときは大丈夫だったから、この程度の雨は大丈夫だろう**」と言って避難が遅れてしまう人がいます。**過去の事例をもとに大丈夫かどうかを判断するのは、とても危険**です。今、目の前にある危機を感じ、行動しましょう。

また、ちょっとは危険だと思っていても**「隣の家が逃げていないから、まだ平気だろう」**と思うのも、災害に巻き込まれる可能性が高くなります。**周りに流されず、正しい判断をする**必要があります。

これらの心理状態に陥らず、だまされない、危険な目にあわないためには、きちんと知識を得ることが大切です。こういうときはこうすればいい、というのを頭に入れておくだけで、いざというときにパッと正しい行動がとれるようになります。

こんなふうに

日々の暮らしで…

自転車に乗るのは得意だから転んだりしない

うちの暖房器具は使い慣れてるから火事にならない

遮断かんは下りたけど、すぐに電車は来ないだろう渡ってしまおう

避難所は調べなくても知っている場所だから大丈夫

災害関連で…

そんなに大きな地震がくるわけがない

あの川はあふれたことがないから大丈夫だろう

これくらいの雪下ろしなら自分でできる

備蓄品がなくてもなんとかなるだろう

この本の見方

PART 1 詐欺・事件から守る

高齢者が狙われることが多い詐欺事件や
悪徳商法を中心に、空き巣やスリなどさまざまな
犯罪の事例と対策を紹介しています。

具体的な事例を挙げて、
注意を喚起しています。

どんな事件が
あるかを解説。

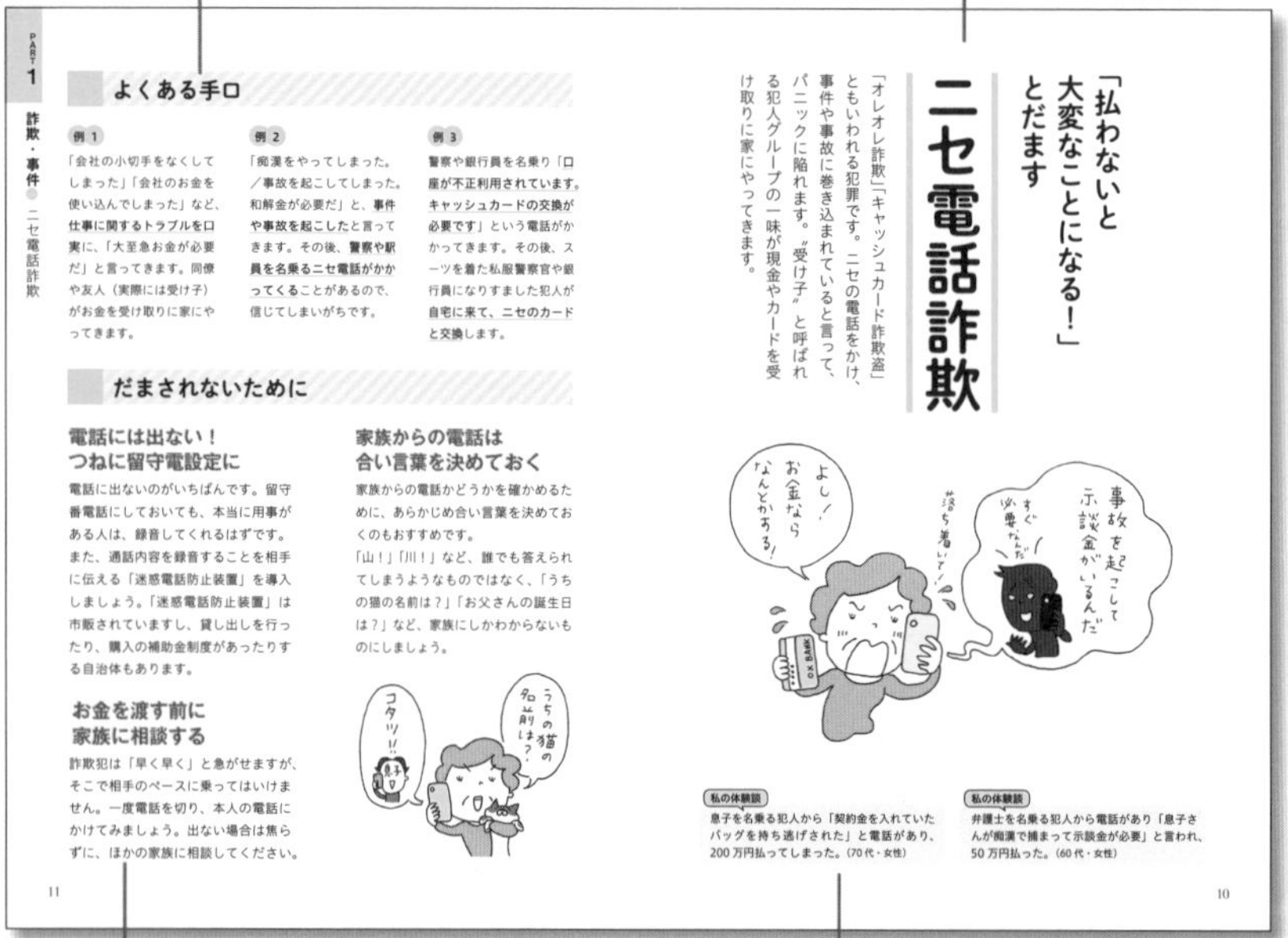
「払わないと
大変なことになる！」
とだます

ニセ電話詐欺

「オレオレ詐欺」「キャッシュカード詐欺盗」ともいわれる犯罪です。ニセの電話をかけ、事件や事故に巻き込まれていると言って、パニックに陥れます。〝受け子〟と呼ばれる犯人グループの一味が現金やカードを受け取りに家にやってきます。

私の体験談
息子を名乗る犯人から「契約金を入れていたバッグを持ち逃げされた」と電話があり、200万円払ってしまった。（70代・女性）

私の体験談
弁護士を名乗る犯人から電話があり「息子さんが痴漢で捕まって示談金が必要」と言われ、50万円払った。（60代・女性）

10

PART 1 詐欺・事件 ニセ電話詐欺

よくある手口

例 1
「会社の小切手をなくしてしまった」「会社のお金を使い込んでしまった」など、仕事に関するトラブルを口実に、「大至急お金が必要だ」と言ってきます。同僚や友人（実際には受け子）がお金を受け取りに家にやってきます。

例 2
「痴漢をやってしまった。／事故を起こしてしまった。和解金が必要だ」と、事件や事故を起こしたと言ってきます。その後、警察や駅員を名乗るニセ電話がかかってくることがあるので、信じてしまいがちです。

例 3
警察や銀行員を名乗り「口座が不正利用されています。キャッシュカードの交換が必要です」という電話がかかってきます。その後、スーツを着た私服警察官や銀行員になりすました犯人が自宅に来て、ニセのカードと交換します。

だまされないために

電話には出ない！
つねに留守電設定に
電話に出ないのがいちばんです。留守番電話にしておいても、本当に用事がある人は、録音してくれるはずです。また、通話内容を録音することを相手に伝える「迷惑電話防止装置」を導入しましょう。「迷惑電話防止装置」は市販されていますし、貸し出しを行ったり、購入の補助金制度があったりする自治体もあります。

家族からの電話は
合い言葉を決めておく
家族からの電話かどうかを確かめるために、あらかじめ合い言葉を決めておくのもおすすめです。
「山！」「川！」など、誰でも答えられてしまうようなものではなく、「うちの猫の名前は？」「お父さんの誕生日は？」など、家族にしかわからないものにしましょう。

お金を渡す前に
家族に相談する
詐欺犯は「早く早く」と急がせますが、そこで相手のペースに乗ってはいけません。一度電話を切り、本人の電話にかけてみましょう。出ない場合は焦らずに、ほかの家族に相談してください。

11

効果的な対策を紹介。
できることから始めましょう。

被害にあった人の
声を紹介。

PART 2 暮らしの危険から守る

家の中での転倒事故から誤嚥や感染症対策、
危険動物まで、日々の生活にひそむ危険を
具体的な事例とともに解説しています。

具体的に危険な事例を
挙げています。

どんな危険が
あるかを紹介。

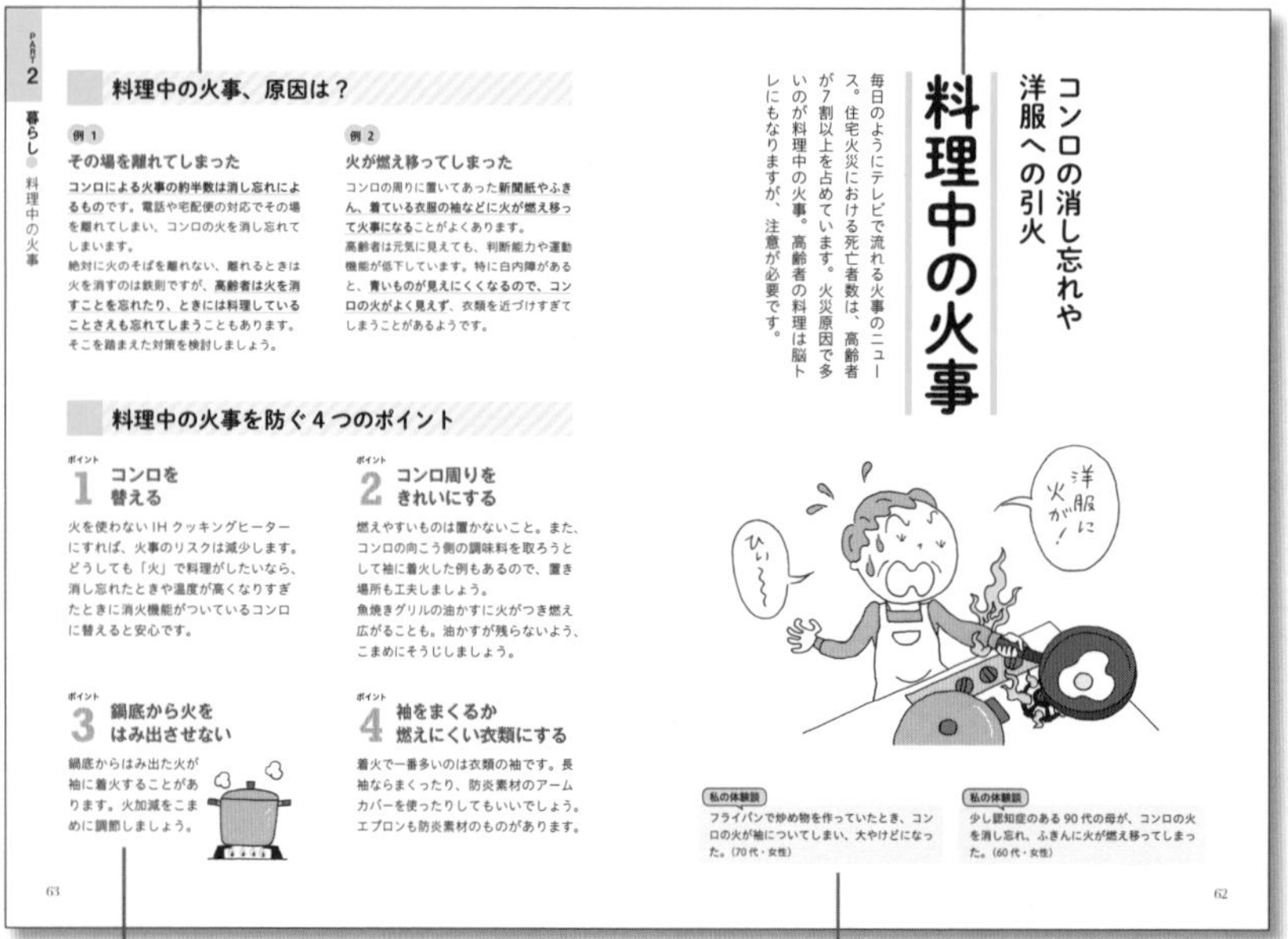
コンロの消し忘れや
洋服への引火

料理中の火事

毎日のようにテレビで流れる火事のニュース。住宅火災における死亡者数は、高齢者が7割以上を占めています。火災原因で多いのが料理中の火事。高齢者の料理は脳トレにもなりますが、注意が必要です。

私の体験談
フライパンで炒め物を作っていたとき、コンロの火が袖についてしまい、大やけどになった。（70代・女性）

私の体験談
少し認知症のある90代の母が、コンロの火を消し忘れ、ふきんに火が燃え移ってしまった。（60代・女性）

62

PART 2 暮らし 料理中の火事

料理中の火事、原因は？

例 1
その場を離れてしまった
コンロによる火事の約半数は消し忘れによるものです。電話や宅配便の対応でその場を離れてしまい、コンロの火を消し忘れてしまいます。
絶対に火のそばを離れない、離れるときは火を消すのは鉄則ですが、高齢者は火を消すことを忘れたり、ときには料理していることさえも忘れてしまうこともあります。そこを踏まえた対策を検討しましょう。

例 2
火が燃え移ってしまった
コンロの周りに置いてあった新聞紙やふきん、着ている衣服の袖などに火が燃え移って火事になることがよくあります。
高齢者は元気に見えても、判断能力や運動機能が低下しています。特に白内障があると、青いものが見えにくくなるので、コンロの火がよく見えず、衣類を近づけすぎてしまうことがあるようです。

料理中の火事を防ぐ4つのポイント

ポイント 1 コンロを替える
火を使わないIHクッキングヒーターにすれば、火事のリスクは減少します。どうしても「火」で料理がしたいなら、消し忘れたときや温度が高くなりすぎたときに消火機能がついているコンロに替えると安心です。

ポイント 2 コンロ周りをきれいにする
燃えやすいものは置かないこと。また、コンロの向こう側の調味料を取ろうとして袖に着火した例もあるので、置き場所も工夫しましょう。
魚焼きグリルの油かすに火がつき燃え広がることも。油かすが残らないよう、こまめにそうじしましょう。

ポイント 3 鍋底から火をはみ出させない
鍋底からはみ出た火が袖に着火することがあります。火加減をこまめに調節しましょう。

ポイント 4 袖をまくるか燃えにくい衣類にする
着火で一番多いのは衣類の袖です。長袖ならまくったり、防炎素材のアームカバーを使ったりしてもいいでしょう。エプロンも防炎素材のものがあります。

63

安全に過ごすための対策を
紹介しています。

事故にあった人、
ケガをした人の声を紹介。

PART 3

災害から守る

地震や台風、土砂崩れなどの自然災害は、いつどこで起こるかわかりません。いざというときのために、ふだんからできる対策や準備を紹介します。

災害が起こるとどんな危険が生じるかを紹介。

どんな災害があるかを解説。

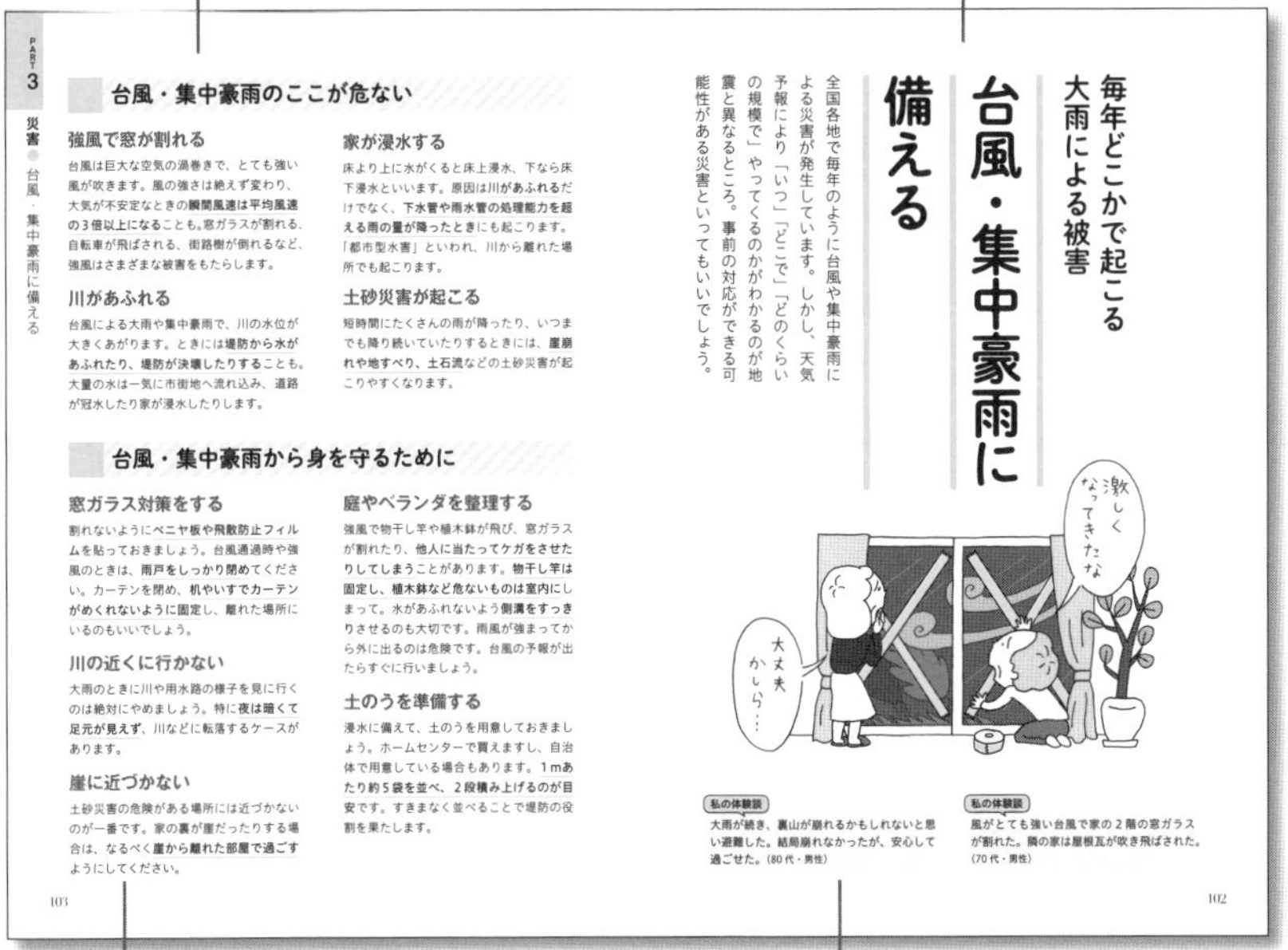
毎年どこかで起こる大雨による被害

台風・集中豪雨に備える

全国各地で毎年のように台風や集中豪雨による災害が発生しています。しかし、天気予報により「いつ」「どこで」「どのくらいの規模で」やってくるのかがわかるのが地震と異なるところ。事前の対応ができる可能性がある災害といってもいいでしょう。

激しくなってきたな

大丈夫かしら…

私の体験談
大雨が続き、裏山が崩れるかもしれないと思い避難した。結局崩れなかったが、安心して過ごせた。（80代・男性）

私の体験談
風がとても強い台風で家の2階の窓ガラスが割れた。隣の家は屋根瓦が吹き飛ばされた。（70代・男性）

102

PART 3 災害 台風・集中豪雨に備える

台風・集中豪雨のここが危ない

強風で窓が割れる
台風は巨大な空気の渦巻きで、とても強い風が吹きます。風の強さは絶えず変わり、大気が不安定なときの瞬間風速は平均風速の3倍以上になることも。窓ガラスが割れる、自転車が飛ばされる、街路樹が倒れるなど、強風はさまざまな被害をもたらします。

川があふれる
台風による大雨や集中豪雨で、川の水位が大きくあがります。ときには堤防から水があふれたり、堤防が決壊したりすることも。大量の水は一気に市街地へ流れ込み、道路が冠水したり家が浸水したりします。

家が浸水する
床より上に水がくると床上浸水、下なら床下浸水といいます。原因は川があふれるだけでなく、下水管や雨水管の処理能力を超える雨の量が降ったときにも起こります。「都市型水害」といわれ、川から離れた場所でも起こります。

土砂災害が起こる
短時間にたくさんの雨が降ったり、いつまでも降り続いていたりするときには、崖崩れや地すべり、土石流などの土砂災害が起こりやすくなります。

台風・集中豪雨から身を守るために

窓ガラス対策をする
割れないようにベニヤ板や飛散防止フィルムを貼っておきましょう。台風通過時や強風のときは、雨戸をしっかり閉めてください。カーテンを閉め、机やいすでカーテンがめくれないように固定し、離れた場所にいるのもいいでしょう。

川の近くに行かない
大雨のときに川や用水路の様子を見に行くのは絶対にやめましょう。特に夜は暗くて足元が見えず、川などに転落するケースがあります。

崖に近づかない
土砂災害の危険がある場所には近づかないのが一番です。家の裏が崖だったりする場合は、なるべく崖から離れた部屋で過ごすようにしてください。

庭やベランダを整理する
強風で物干し竿や植木鉢が飛び、窓ガラスが割れたり、他人に当たってケガをさせたりしてしまうことがあります。物干し竿は固定し、植木鉢など危ないものは室内にしまって。水があふれないよう側溝をすっきりさせるのも大切です。雨風が強まってから外に出るのは危険です。台風の予報が出たらすぐに行いましょう。

土のうを準備する
浸水に備えて、土のうを用意しておきましょう。ホームセンターで買えますし、自治体で用意している場合もあります。1mあたり約5袋を並べ、2段積み上げるのが目安です。すきまなく並べることで堤防の役割を果たします。

103

具体的な対策を紹介しています。

災害にあった人の声を紹介。

この本の使い方

- 1日1項目ずつ読み、防犯・防災感覚を身につけましょう。
- くり返し読みましょう。いざというとき、パッと危険を回避する行動がとれます。
- 他人事として読まずに、自分の身に降りかかることだと認識しましょう。
- リビングなど目に入る場所に置いておき、家族みんなで読みましょう。

付録の貼り紙

とじこみ付録は、切り離してお使いください。電話の近くや、目につく場所に貼ってください。

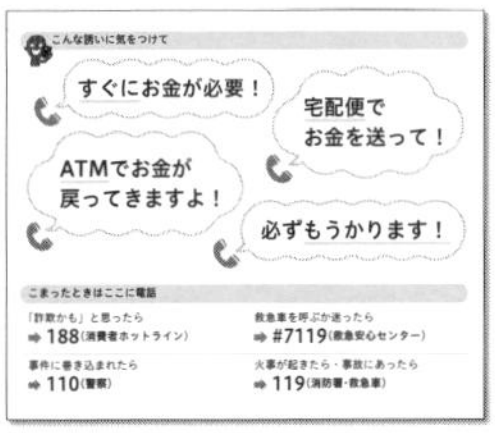
こんな誘いに気をつけて

すぐにお金が必要！

宅配便でお金を送って！

ATMでお金が戻ってきますよ！

必ずもうかります！

こまったときはここに電話

「詐欺かも」と思ったら ⇒ 188（消費者ホットライン）

救急車を呼ぶか迷ったら ⇒ #7119（救急安心センター）

事件に巻き込まれたら ⇒ 110（警察）

火事が起きたら・事故にあったら ⇒ 119（消防署・救急車）

オモテ
日常生活にひそむ危険を回避するために注意してほしいことが書いてあります。

もしものときの連絡メモ

いざというときの覚え書き

救急車を呼ぶか迷ったら ⇒ #7119

火事が起きたら・事故にあったら ⇒ 119

ウラ
自分や家族の連絡先を書いておくと、いざというときに役立ちます。

高齢者を身近な危険から守る本　目次

プロローグ 「私は大丈夫！」という考えを捨てましょう ― 2
この本の見方・使い方 ― 4

PART《パート》 1 詐欺・事件から守る ― 9

ニセ電話詐欺 ― 10
還付金詐欺 ― 12
フィッシング詐欺 ― 14
ネット通販詐欺 ― 16
架空請求詐欺 ― 18
国際ロマンス詐欺 ― 20
ウイルスメール ― 22
利殖商法 ― 26
押し売り・押し買い ― 28
送りつけ商法 ― 30
健康商法・霊感商法 ― 32
点検商法・かたり商法 ― 34
催眠商法 ― 36
デート商法・婚活詐欺 ― 38
アポ電強盗 ― 42
空き巣・忍び込み ― 44
スリ・置き引き ― 46
ひったくり ― 48
当たり屋 ― 50

あんしんコラム
だまされやすさチェック ―― 24
だまされた！と思ったら ―― 40
個人情報、どこからもれる？ ―― 52

PART《パート》 2
暮らしの危険から守る ―― 53

転倒・転落 ―― 54
水回りの危険 ―― 56
ヒートショック事故 ―― 58
料理中の火事 ―― 62
タバコによる火事 ―― 64
暖房器具・コンセント火災 ―― 66
熱中症対策 ―― 68
誤嚥 ―― 70
感染症対策 ―― 72
横断歩道の渡り方 ―― 74
道路の歩き方 ―― 76
自転車の乗り方 ―― 78
電車の乗り方 ―― 80
バスの乗り方 ―― 82
踏切の渡り方 ―― 84
危ない虫や動物 ―― 86

あんしんコラム
高齢者の体の変化 ―― 60
高齢者登山の危険性 ―― 88

PART《パート》 3 災害から守る

災害から守る —— 89

家の中で地震が起きたら —— 90
睡眠中・入浴中に地震が起きたら —— 92
買い物中に地震が起きたら —— 94
移動中に地震が起きたら —— 96
地震の二次災害に備える —— 98
津波が起こったら —— 100
台風・集中豪雨に備える —— 102
ゲリラ豪雨にあったら —— 104
大雪に備える —— 106
雷・竜巻・突風にあったら —— 108
噴火に備える —— 110
ハザードマップを確認する —— 112
非常用持ち出し袋を用意する —— 114
避難場所に避難する —— 116
避難所での過ごし方 —— 118
在宅のまま避難する —— 120
災害関連死を防ぐ —— 122
災害デマにおどらされない —— 124

あんしんコラム
災害時のスマホ活用法 —— 126

PART《パート》

1

詐欺・事件から守る

詐欺や悪徳商法、空き巣にひったくりなど、
事件の被害者にならないためには
どうしたらいいのでしょうか。

「払わないと大変なことになる！」とだます

ニセ電話詐欺

「オレオレ詐欺」「キャッシュカード詐欺盗」ともいわれる犯罪です。ニセの電話をかけ、事件や事故に巻き込まれていると言って、パニックに陥れます。〝受け子〟と呼ばれる犯人グループの一味が現金やカードを受け取りに家にやってきます。

事故を起こして
示談金がいるんだ
すぐ必要なんだ
落ち着いて！
よし！
お金なら
なんとかする！
○× BANK

私の体験談

息子を名乗る犯人から「契約金を入れていたバッグを持ち逃げされた」と電話があり、200万円払ってしまった。（70代・女性）

私の体験談

弁護士を名乗る犯人から電話があり「息子さんが痴漢で捕まって示談金が必要」と言われ、50万円払った。（60代・女性）

よくある手口

例 1

「会社の小切手をなくしてしまった」「会社のお金を使い込んでしまった」など、**仕事に関するトラブルを口実**に、「大至急お金が必要だ」と言ってきます。同僚や友人（実際には受け子）がお金を受け取りに家にやってきます。

例 2

「痴漢をやってしまった。／事故を起こしてしまった。和解金が必要だ」と、**事件や事故を起こした**と言ってきます。その後、**警察や駅員を名乗るニセ電話がかかってくる**ことがあるので、信じてしまいがちです。

例 3

警察や銀行員を名乗り「**口座が不正利用されています。キャッシュカードの交換が必要です**」という電話がかかってきます。その後、スーツを着た私服警察官や銀行員になりすました犯人が**自宅に来て、ニセのカードと交換**します。

だまされないために

電話には出ない！ つねに留守電設定に

電話に出ないのがいちばんです。留守番電話にしておいても、本当に用事がある人は、録音してくれるはずです。また、通話内容を録音することを相手に伝える「迷惑電話防止装置」を導入しましょう。「迷惑電話防止装置」は市販されていますし、貸し出しを行ったり、購入の補助金制度があったりする自治体もあります。

お金を渡す前に 家族に相談する

詐欺犯は「早く早く」と急がせますが、そこで相手のペースに乗ってはいけません。一度電話を切り、本人の電話にかけてみましょう。出ない場合は焦らずに、ほかの家族に相談してください。

家族からの電話は 合い言葉を決めておく

家族からの電話かどうかを確かめるために、あらかじめ合い言葉を決めておくのもおすすめです。

「山！」「川！」など、誰でも答えられてしまうようなものではなく、「うちの猫の名前は？」「お父さんの誕生日は？」など、家族にしかわからないものにしましょう。

「お金が戻ってきますよ！」とだます

還付金詐欺

「医療費の過払い分」や「年金の未払い分」を払うと電話をかけ、必要な手続きを装い被害者をＡＴＭに誘導し、逆にお金を振り込ませてしまいます。「お金が戻ってくる！ラッキー！」という軽い気持ちが被害を呼びます。

未払い分を支払います
孫にプレゼントを買ってあげよう♪
年金が戻ってくる♡
ATM

私の体験談

電話で「税務署の者です。還付金があります」と言われたので、なんの疑いももたなかった。（70代・男性）

私の体験談

年金の未払いがあると言われて、昔働いていたときの年金かな？と思い、素直に従ってしまった。（80代・男性）

よくある手口

例 1

「**市役所保険課**の者です。**医療費の過払い分**を戻します」と電話をかけてきて、ATMに誘導して操作を指示し、お金を振り込ませます。「すぐに登録してください」と急がせるので、被害者はお金を戻す操作ではなく、払う操作をさせられていると気づきません。

例 2

「**税金の還付に必要な書類が入った封筒は届いていますか**」という電話がかかってくることもあります。「届いていない」と答えると「**期限を過ぎていますが、今からATMで操作すれば間に合います**」と言い、操作を指示してお金を振り込ませます。

例 3

「**年金の差額を払う**」という電話のこともあります。犯人は公的機関の職員になりすまし、**丁寧な言葉でやさしく説明するので、信じてしまいがち**です。人目につかないよう、**無人のATMに誘導する**ことが多いです。

だまされないために

ATMの操作で還付金は絶対に戻らない

犯人は、役所など公的機関を装って連絡をしてきます。とても悪人とは思えないやさしい口調で説明をするので「怪しい電話だとは思わなかった」と言う人も多くいます。が、そもそも還付金はATMの操作で戻ることはありません。そこを肝に銘じましょう。

なんといっても電話に出ない

犯人からは、まず家の電話にかかってくるので、ニセ電話詐欺と同じように、電話に出ないことが有効です。つねに留守番電話にするか、「迷惑電話防止装置」（P11参照）を導入しましょう。

「還付金が戻る」という電話はすべてウソ

公的機関から払い戻しなどがある場合は、必ず書類上で手続きします。上の例2のように「書類が届いていますか」という電話をかけてくることもありません。

それでも「本当かも」と思ったら、担当の機関に確認しましょう。

このとき、犯人から教えられた番号はニセモノなので要注意！　自分で担当機関の電話番号を調べて問い合わせてください。

ニセサイトに誘導して個人情報を盗む
フィッシング詐欺

実在する有名企業や金融機関を装った電子メールが届き、記載されたURLをクリックすると、見た目は本物そっくりなニセサイトにとびます。そこでクレジットカード番号やアカウント情報を入力させられ、大切な個人情報が盗まれます。

私の体験談

いつも買い物をしているサイトからのメールだったので、まさかニセモノとは思わなかった。（70代・男性）

私の体験談

メインバンクからのメールだったので、なんの疑いもなく開いて、暗証番号を入れてしまった。（60代・女性）

よくある手口

例 1

銀行をかたり「**不正アクセスがあったので口座を確認**してください」というメールが届きます。リンク先はニセモノのサイトです。そこで ID やパスワードを入力すると情報が盗まれ、**口座からお金を奪われてしまいます**。

例 2

運送会社をかたりスマートフォンに「**再配達はこちら**」というメールが届きます。リンク先をクリックすると、不審なアプリが自動でインストールされてしまい、個人情報が盗まれ、**悪用されてしまいます**。

例 3

通販サイトをかたり「**アカウントを再設定**してください」というメールが届きます。ニセサイトに誘導され、ID とパスワードを入れると個人情報が流出。知らないうちに**勝手に買い物されてしまいます**。

だまされないために

安易にリンクをクリックしない

まずは自分が利用したことのあるサービスかどうかを確認しましょう。利用したことがなければそのままゴミ箱へ。利用したことがあれば、メール内のリンクはクリックせず、サービス元に直接連絡をしましょう。

「緊急」など焦らせる内容に注意

「不正アクセスがありました」「急いで確認してください」などの文言があると、思わずクリックしてしまいますが、それが罠です。急がせるメールほど、見なくてよいものです。

日本語がおかしいものは詐欺の可能性

フィッシング詐欺メールは、海外から送られてくることも多く、不自然な日本語を使っているケースがあります。文面を最後まで読み、違和感があるものは危険です。文字化けをしているものもあります。

買った商品が届かない・ニセモノが届く

ネット通販詐欺

ネットショップで購入した商品がいつまでも届かず、ショップに問い合わせても連絡がつかない……。そういうときは、お店自体が架空の可能性があります。また、ニセモノが送られてくることも。

私の体験談

欲しかったバッグが8割引きだったので、迷わず購入したが、商品が届かない。（60代・女性）

私の体験談

近所では完売だった限定商品が売っていたので購入したが、届いたのは明らかにニセモノだった。（70代・男性）

よくある手口

例 1

目当ての商品をインターネットで探していると、**相場よりもかなり安値**のものが見つかります。思わず買ってしまいますが、いつまでも**商品が届きません**。メールや電話で業者に**連絡をしてもつながりません**。

例 2

完売している**限定商品**や、**希少価値の高い商品**を売っていることもあります。通販サイトだけでなく、**オークションサイト**でも、**購入したものが届かない**、**発売元と連絡がとれない**という事例があります。

例 3

届いた商品がニセモノのことがあります。明らかにニセモノだとわかるものもあれば、精巧にできていてまったく気づかないことも。**ニセモノだとわかった場合でも返品できない規約になっていることも**あります。

だまされないために

相場より安すぎる商品は疑おう

犯人は、価格の安さで被害者を引き寄せます。欲しい商品がある場合、信頼できるショップをいくつか調べて、相場をチェックしておきましょう。相場よりも明らかに安く販売しているショップは、何か罠がある、と考えましょう。

購入前にショップと連絡をとる

商品を買ってしまう前に、ショップや出品者と連絡をとり、実在するかどうか確かめてみましょう。
商品や発送に関する簡単な質問をするのがおすすめです。答えが返ってくるかどうか、答えが返ってくるまでの時間の長短、答えの内容などにより、相手が実在するか、信頼できるかがわかります。

ショップの評価をチェックする

ネットショップやオークションの出品者に対しては、これまでの取引の評価を見ることができます。購入手続きを進める前に、信頼できるところか確かめましょう。ただし、評価数が少ないショップは評価しているのが〝サクラ〟のことがあります。たくさんの人が高評価をつけているショップや出品者のほうが、信頼性が高まります。

身に覚えのない使用料を請求される
架空請求詐欺

有料サイト運営を名乗る者から、使用料金が未納だと電話やメールが入ります。さらに裁判所などを装った郵便が送られてくることもあり、被害者は身に覚えがないと思っても、焦って払ってしまいます。

私の体験談

料金未納のメールが入り、業者に電話をかけたら、裁判になると言われたので、すぐに払ってしまった。（70 代・男性）

私の体験談

「訴訟最終通告」と書いてある封書が届き、電話をしたら「あとで返金するのでとりあえず払って」と言われた。（80 代・女性）

よくある手口

例 1

「有料サイトの**利用料金が未納**です」というハガキやメールが届きます。心配になって書かれている番号に電話をすると「**今すぐ払わないと裁判になります**」と言われ、被害者は焦って支払ってしまいます。

例 2

「退会手続きが行われていません」「延滞金が発生しています」など、請求の文言は多様化しています。また支払いは**コンビニ払いやプリペイドカード払いを指定**してくる傾向があります。

例 3

請求が届いたあとで「個人情報が架空請求業者に流出しています。**問題解決をお手伝い**します」という**弁護団を名乗る**メールがくることがありますが、これも**解決金という名目でお金をだましとる**詐欺です。

だまされないために

身に覚えのない請求は無視する

犯人は「訴訟最終通告」「強制執行」「差し押さえ」など、もっともらしい言葉を使い、請求してきます。しかし、犯人側が一方的に金銭を要求しているだけなので、支払う義務は当然ありませんから、無視して大丈夫です。

悩んだら電話で相談を

請求が架空ではなく、本物の場合がありますし、自分で契約したことを忘れている場合もあります。
だからといって、すぐに相手に連絡をするのは避けましょう。「身に覚えはないけれど、もしかしたら……」と判断がつかない場合は、消費者ホットラインに相談するといいでしょう。

消費者ホットライン　188（局番なし）

万が一、相手に連絡をしてしまったら

「裁判」という文言に焦って書いてあった番号に電話をしてしまったり、架空請求だとわかってはいたものの、文句を言いたくて連絡をしてしまう、ということもあるでしょう。
すると相手にメールアドレスや電話番号などの個人情報がもれてしまうので、継続的に連絡が来る可能性があります。
その場合は、メールアドレスや電話番号を変更する必要があります。そうならないためにも、決して連絡しないことが大切です。

特に女性は注意！恋心を巧みに利用する

国際ロマンス詐欺

軍人や医師など地位の高い職業になりすまし、インターネットで知り合った女性に恋人のように振る舞い、好意につけ込み、お金を送らせます。実際に会ったことも、電話すらしたことがない場合が多数です。男性が被害にあうことも。

I love you♡
I need you♡
I want you♡
マイダーリン♡

私の体験談

カナダ人男性が、日本に行く費用が欲しいと言うので、会えるかなと思い、振り込んでしまった。（60代・女性）

私の体験談

アメリカ人男性が「子どもの手術費用が足りない」と言うので送金したが、その後まったく連絡がとれない。（70代・女性）

よくある手口

例 1

出会いは**SNSやマッチングアプリ**など。犯人は欧米人で現在は独身、医師や軍人、社長など**地位のある職業であると自称**します。知り合った途端、**熱烈アピール**が始まり、メッセージで好意を伝えてきます。

例 2

犯人は**自分や家族のニセ写真**を女性に送り、本人だと信じ込ませます。また、自分がいかに**重大な任務**についているか、**大きな事業**を展開しているかなど、仕事の内容を説明し、女性からの信頼を得ようとします。

例 3

女性に恋愛感情が芽生えると、犯人は**お金を要求**します。軍人なら「退役費用がかかる」、社長なら「事業で失敗した」など、理由はさまざま。**送金すると連絡がとれなくなり**、そこで詐欺と気づきます。

だまされないために

英語に自信がある人は要注意

犯人とのやりとりはおもに英語なので、被害にあいやすいのは、若い頃に英語を学んでいたり、英語を使った仕事をしていた人です。

ひさしぶりに英語でコミュニケーションできるのがうれしくて、相手の手口にはまってしまう人が多いようです。

知り合って間もないのに「好きだ」「結婚したい」と言ってきたら怪しむ

犯人はいち早く女性に恋愛感情をもたせるため、オーバーなぐらいに好意をアピールしてきます。欧米人でも、そんなに積極的な人はなかなかいません。

会ったこともないのに熱烈すぎる相手は、怪しいと思っていいでしょう。

会ったことのない相手からお金を要求されるのはおかしいと気づこう

「金の切れ目が縁の切れ目」というように、ふつうの恋愛関係でも、お金の貸し借りは問題になりがちです。

ましてや、会ったことのない外国人に送金するのは、ちょっと考えれば「おかしいな」と思えること。お金の要求をされたら、恋愛ではなく詐欺だったと考えていいでしょう。

会ったこともない人にお金を渡すなんて
おかしいわよね
ハッ
BANK

なにげなく
クリックしたら
一大事！

ウイルスメール

パソコンに悪影響を及ぼすコンピューターウイルスが仕込まれたメールです。ウイルスに感染すると、大切なデータが失われたり、情報が流出したりします。スマートフォンにはウイルス対策アプリもあります。

私の体験談

知らない相手からのメール。つい添付ファイルを開いたら、パソコンが立ち上がらなくなった。（70代・男性）

私の体験談

スマホにゲームアプリを入れたら画面がロックされてしまい、どうしようもなくなった。（70代・女性）

よくある手口

例 1

知人からの返信メールを装い、添付ファイルが送られてきます。知り合いからなので、疑うことなく開いてしまいますが、これは知人のパソコンがすでにウイルスに感染し、**勝手にメールを送ってきている**のです。

例 2

配送業者からの不在通知を装ったメールが送られてきます。添付ファイルを開いてしまうとウイルスに感染してしまいます。なかにはネットバンキング利用時の**口座認証情報が盗まれてしまう**ことも。

例 3

スマホのアプリにウイルスが仕込まれていることがあります。勝手にカメラが作動して**盗撮される**、SNS のアカウントが**乗っ取られる**、電話帳やクレジットカードの**情報が盗まれる**などの被害があります。

だまされないために

ウイルスを疑う習慣をつける

ウイルスの攻撃は巧妙になっており、ふつうのメールと区別がつかないことが多くあります。送られてきたメールは、リンクや添付ファイルを開く前に文面を読み、少しでも怪しいところがあれば開かないようにしましょう。
怪しいと思ったら、差出人に問い合わせましょう。

アプリの評判を確認する

気になるアプリがあったら、すぐにインストールはせず、アプリ名や開発者、評価や口コミなどを検索し、信頼できるか確認しましょう。
また、セキュリティアプリをあらかじめインストールしておくことで、不正なアプリをブロックできます。

パソコンをつねに最新の状態にする

パソコンとウイルスはイタチごっこ。そのためパソコンの OS（操作するためのシステム）やソフトはウイルスに感染しないように改良が進められています。
ですから OS やソフトを最新の状態にしておけば、より安全に使うことができるのです。また、ウイルス対策のアプリやソフトを利用し、感染を予防するのもおすすめです。

あんしんコラム

だまされやすさチェック

以下の質問に直感で答えてみましょう。
それぞれ点数を書き、合計点を書いてください。

とても当てはまる……………5点
やや当てはまる………………4点
どちらともいえない…………3点
あまり当てはまらない………2点
ほとんど当てはまらない……1点

結果　＿＿＿＿点

- 「どうしても」とお願いされると弱い　＿＿＿＿
- おだてに乗りやすい　＿＿＿＿
- 自信たっぷりに言われると納得してしまう　＿＿＿＿
- 見かけのよい人だとつい信じてしまう　＿＿＿＿
- 素敵な異性からの誘いだと断れない　＿＿＿＿
- マスコミで取り上げられた商品は
すぐためしたくなる　＿＿＿＿
- 好きな芸能人がすすめる商品は欲しくなる　＿＿＿＿
- 新しい美容法やダイエット法にとびつく　＿＿＿＿
- 「無料」「返金保証」ならためしてみたい　＿＿＿＿
- 資格や能力アップにはお金をおしまない　＿＿＿＿
- いいと思った募金にはすぐに応じる　＿＿＿＿
- 欲しいものは多少のリスクがあっても
手に入れる　＿＿＿＿
- どんな相手からの電話でも最後まで聞く　＿＿＿＿
- 試着や試飲をして、つい買ってしまった
ことがある　＿＿＿＿

消費者庁パンフレット「Attention」より

点数が高いほど だまされやすい

このチェックは悪徳業者に勧誘を受けたときに、契約してしまうかどうか、リスクの度合いを診断するものです。

「60点以上＝約70％」「50点台＝約50％」「40点台＝約40％」「30点台＝約30％」「30点以下＝約25％」の確率となり、点数が高いほどだまされやすいことがわかります。

点数が高かった人は注意しましょう。

誰にでも だまされる可能性はある

詐欺師や悪徳業者は言葉たくみに近づいてきます。相手の言うことをうのみにして、その商品がとてもいいものに思えたり、お得だから今買わないと！という心理状態になったりしてしまいます。

また、相手に強い口調で迫られたりすると、その状況から逃れたいがために契約を結んでしまうことも。

説得が長丁場だったり、知り合いからの勧誘の場合は、根負けしたり、関係を壊したくないために了承してしまうことがあります。

たとえチェックテストの点数が低くても、これらの心理状態に陥る可能性はある、ということを心に留めておきましょう。

「確実にもうかります」と勧誘する

利殖商法

先物取引や未公開株取引などさまざまな投資話で勧誘します。「必ずもうかる」とうたうので「もうかります商法」とも呼ばれますが、実際には元金すらも戻ってこないケースがたくさんあります。

私の体験談

「石油の価格がこれから上がる！今がチャンス！」と言われたが、損しただけだった。（80代・男性）

私の体験談

担当の若い男性が丁寧に説明してくれるので信じきってお金をつぎ込んでしまった。（80代・男性）

よくある手口

例 1

投資会社を名乗る者から**「必ず値上がりするA社の未公開株を代理購入**しないか。**50万円支払う**」などと電話がかかってきます。買うだけでもうかるならと株を買ったあとで、業者と連絡がとれなくなります。

例 2

金融庁や財務局など公的機関の職員を名乗り、電話をかけてくることもあります。株だけでなく、**社債・外国通貨の取引、ファンドへの投資勧誘、天然資源の権利**などを持ちかけてくるパターンもあります。

例 3

一度被害にあった人に「**損を取り戻せる**」「**解約できる**」など、救済の名目で近づいてくることもあります。代わりに**別の商品を買わせたり**して金銭を支払わせます。もちろん**損した分も同様に戻ってきません。**

だまされないために

うまい話には必ず罠がある

「値上がり確実」「絶対に損はしない」「元本保証」などのうたい文句で近づいてきますが、よく知らない人にすすめてくるのはおかしな話です。

また、そんなに簡単にもうかるなら自分自身がやればよく、人に教えるわけはありません。

うまいもうけ話なんてない、と考えましょう。

しくみがわからないときは絶対に契約しない

犯人はいかにも言葉たくみに勧誘します。難しそうな言葉や横文字がたくさん出てきても「プロが言うんだから間違いないだろう」と信じてしまいます。しかし、もうかるしくみがよくわからないものを契約するのは、リスクも理解できていないということなので、とても危険です。

だまされたことを自覚する

救済を名目にされると「なんとかして損を取り戻したい」と思ってしまいますが、犯人は、あなたがだまされたことを知って声をかけてくるのです。つまり「カモ」だとわかっているのです。

一度だまされた経験がある人は、より一層疑り深くなりましょう。

強引に売りつける・買い叩く

押し売り・押し買い

家に訪ねてきて、買う気がないのに無理やり売りつけるのが押し売りです。最近は、貴金属や宝飾品、着物、骨董品などを、売る気がないのに奪うように安く買い取る押し買いが増えています。

私の体験談

若者が「被災地から来た」「ノルマがあって帰れない」と魚を売りに来たので買ってしまった。（80代・女性）

私の体験談

宝飾品の鑑定だと急に来て「今が売り時です」と、指輪を複数、二束三文で買い取られた。（70代・女性）

よくある手口

例 1

着物など不用品の査定を依頼した業者が家を訪問し、**ほかに売れるものはないか**と言います。断ってもしつこく居座るので、仕方なく宝飾品などを見せると、とても**安い値段で買い取られます。**

例 2

「T シャツ１枚でもいいので売れるものはないか」と**電話がかかってくる**ことがあります。**脅すような口調**なのでしぶしぶ承諾すると、家にあがり込み、**勝手にタンスを開けて無理やり買い取る**業者もいます。

例 3

「生産地から来た。売れないと帰れない」などといって果物や野菜を売りつけます。**相場より高い**値段だったり、**中身がほとんど傷んでいたりする**ことも。**連絡先がわからない**のでクレームもつけられません。

だまされないために

優良な買取業者に依頼する

信頼できる業者はたくさんあります。「古物商の許可を得ているか」「実績が豊富か」「住所を明らかにしているか」「無料見積もり、無料相談を受けているか」などのポイントをホームページで確認するといいでしょう。

相手の土俵にのらない

気持ちがやさしい人ほど、押し買い・押し売りにつけ込まれてしまいます。食べ物の押し売りでよくあるのが「試食してしまったから買わざるをえなかった」という事例。試食することで相手の土俵で戦うことになり、断りきれなくなってしまいます。
相手のペースにのせられないようにしましょう。

ひとりのときは家に入れない

ターゲットになりやすいのは、高齢者や女性です。特にひとりで在宅しているときが狙われやすいもの。こちらから業者を呼ぶときは、家にふたり以上いる日時にするといいでしょう。
営業電話は、きっぱり断ります。ここで押し切られると「強くいけば契約できる」と相手に思われてしまいます。

勝手に商品を送り代金を請求する

送りつけ商法

ある日突然、注文していないものが届き、商品と一緒に振込用紙と振込期限などが書かれた手紙が入っています。返品したり断ったりしないと買ったことになると言って代金を一方的に請求してきます。

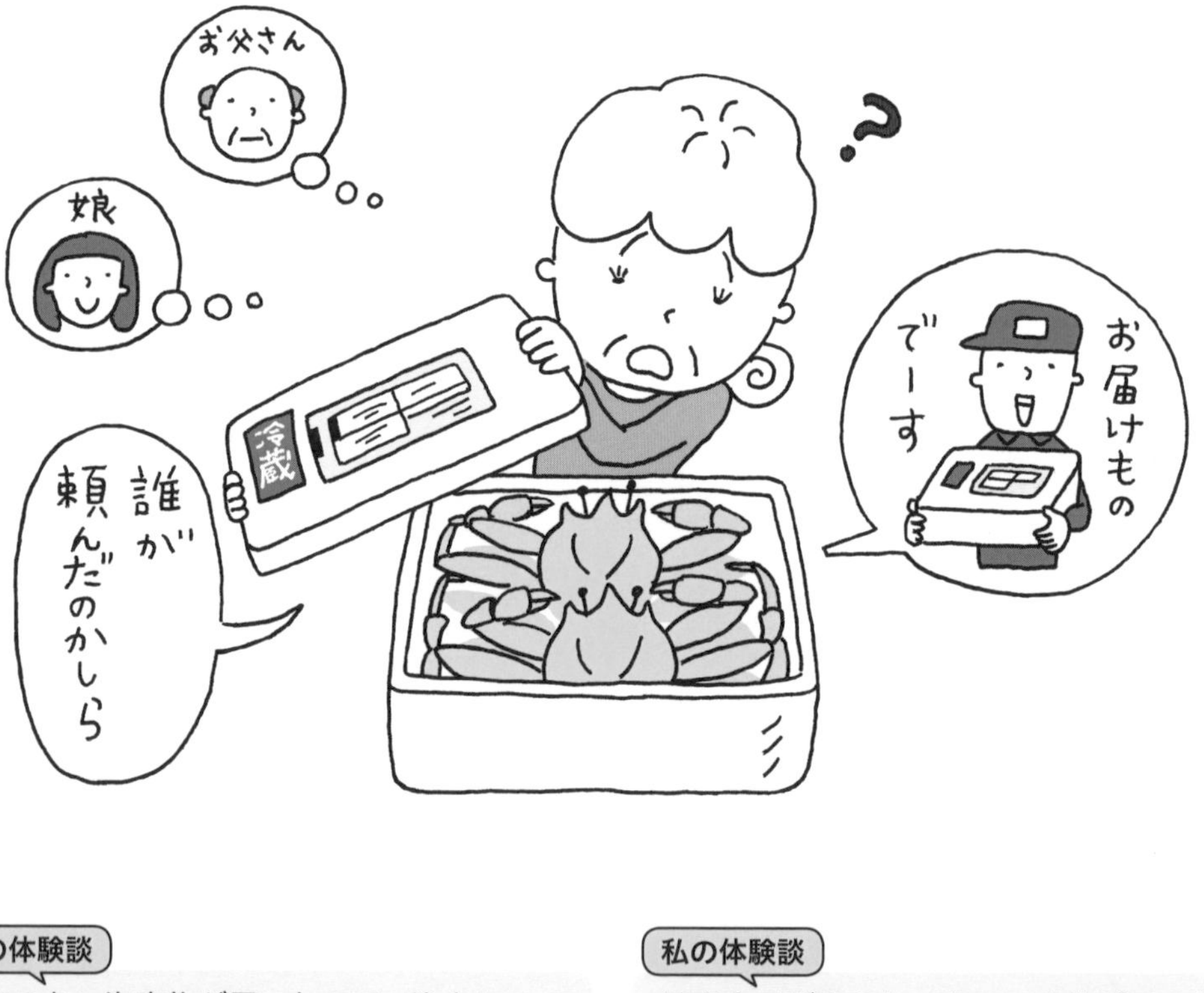

私の体験談

覚えのない海産物が届いたので、注文していないと業者に電話をしたら、キャンセル不可と言われた。（80代・男性）

私の体験談

健康食品が送られてきて、家族が買ったと思い代引きで支払ったが、注文していないものだった。（70代・女性）

よくある手口

例 1

「注文されたサプリメントを送ります」などと、**業者から電話**がかかってきます。「覚えがない」と言っても「あなたのために特別に処方したものなので**買ってもらわないと困る**」などと言って、送りつけてきます。

例 2

事前に電話もなく、**突然、商品が届く**こともあります。請求書が同封され、**振込期限が記入**されていたり、「**7日以内に返品がないときは購入を承諾**したものとみなします」などの手紙が入っていることも。

例 3

商品が**代引きで届く**悪質なケースがあります。受け取ったあとで、注文していない商品だとわかっても、**宅配業者に返金を求めることはできません**。発送元の会社に返品・返金の連絡をする必要があります。

だまされないために

注文した覚えのない商品は受け取らない

自分が注文した覚えのない商品が届いたら、宅配業者に「受け取りません」といったん荷物を持ち帰ってもらい、家族に注文したかを確認しましょう。誰も注文していなければ、受け取り拒否のままで大丈夫です。

届いた商品はすぐに処分してよい

受け取った商品が身に覚えのない場合、従来は14日間保管する必要がありました。しかし法改正により、令和3年7月6日からは、その場で処分してしまっていいことになりました。

一方的に送りつけられているので、送り返す必要もありません。

箱を開けても支払う必要はない

犯人は「箱を開けてしまったら、料金を支払わないといけない」と焦る消費者の気持ちを利用しています。

しかし、一方的に送られてきたものは、売買契約が成立していないので、箱を開けたとしても料金を支払う必要はありません。箱を開けてしまっても、その場で処分可能です。

万が一支払ってしまった場合は、消費者ホットラインに相談しましょう。

消費者ホットライン　188(局番なし)

弱みにつけ込んで商品を買わせる

健康商法・霊感商法

昔からよくある詐欺の手口です。「万病に効く」と言って不当に高い水や健康食品を売りつけたり、「先祖の霊のたたりがあるから除霊しなければいけない」などと言って、高価で怪しい商品を買わせたりします。

見える、見えるわ～
ご先祖の霊がとりついています
この壺が守ってくれます
印鑑もグッドです
あわわわ

私の体験談

夫が病気だったとき、藁にもすがる思いで高い健康食品を買ってしまったが、効果はなかったと思う。（80代・女性）

私の体験談

人間関係で悩んでいたとき、数珠や水晶玉をいくつも買ってしまい、貯金を使い込んだ。（70代・女性）

よくある手口

例 1

健康商法は**「ガンが治る」「認知症に効く」**など具体的な病気に効果があるかのようなセールストークで健康食品を販売します。そもそも、健康食品で効能効果をうたうことは薬機法により規制されています。

例 2

霊感商法は**「悪霊がついている」「先祖のたたりだ」**など超自然的なものを利用して相手を不安にさせ、除霊のために必要だと言って商品を買わせる手口です。壺や印鑑、掛け軸などを**法外な値段で売りつけます**。

例 3

詐欺と言い切るのは難しいですが、**占いのサイトやアプリ**による被害も増えています。登録は無料でその後は有料。話し相手が少ない高齢者ははまりやすく、どんどん課金してしまい、**膨大な額の請求**が来ます。

だまされないために

健康食品は病気を治すものではない

高齢者は健康に不安を抱える人が多いので、「病気が治る」と言われると藁にもすがる思いで飛びついてしまうことがあります。自分自身ではなく、妻や夫の病気を治したいこともあるでしょう。
しかし、健康食品は病気を治すものではありません。なんらかの効果があるとしても、あくまで補助的な役割です。健康食品を摂取したことで、悪影響が出る場合もあります。試したいものがあるときは、まずは主治医に相談しましょう。

精神的に弱っているときほど気をつける

健康商法、霊感商法、そして占いも相手の不安につけ込みます。正常な精神状態であれば「うさんくさい」と一蹴できることも、悩みがあり精神的にまいっているときには、冷静な判断ができなくなるものです。
悩んでいるときに近づいてくる人や業者には細心の注意を払いましょう。

不安をあおる言葉に要注意

詐欺師は言葉たくみにお金を引き出そうとしますが、健康商法や霊感商法では、不安をあおる言葉を言ってきます。最初から「このままだとさらに悪くなる」「家族が不幸になる」などと言ってくる相手は特に注意が必要です。信用してはいけません。

不要な工事や商品を契約させる

点検商法・かたり商法

「屋根を無料で点検します」と言って訪問し、不要な工事や商品の契約を取りつけたり、それらしい服装をした人が「役所のほうから来ました」と言ってガス警報機や消火器を売りつけたりします。

火の用心
消防署のほうから来ました〜
買い替えないとダメですよ！

私の体験談

リフォームを考えていたときだったので、無料点検という言葉にひかれて家にあげてしまった。(70代・男性)

私の体験談

「消防署のほうから来ました」と言われ、作業着姿だったので信じて疑わなかった。(80代・男性)

よくある手口

例 1

点検商法は「近所で屋根の工事をしている。今なら**無料でみてあげる**」と訪ねてきて、屋根にあがります。「このままでは雨漏りする」と**不安をあおり、必要な工事か確かめられないまま契約**させせられます。

例 2

台風や地震の被害があった地域で増えているのが「**損害保険を利用して修理できる**から点検する」というパターンです。おりた保険料よりもかなり高額の工事費に設定させられるため、損をしてしまいます。

例 3

「**水道局／消防署のほう**から来ました」と、まるで公的機関から来たような**まぎらわしい言い方**で突然訪問し、浄水器や火災報知器を、法外な値段で売りつけるのが「かたり商法」です。

だまされないために

居留守を使う

犯人は、高齢者がひとりで家にいる時間を狙ってやってきます。

いちばんよい方法はインターホンが鳴っても出ないこと。知らない相手とは話さないことです。

訪問者が知っている人かどうか確かめるために、カメラ付きのインターホンを利用しましょう。

その場ではサインはしない

かたり商法では、公的機関から来た人だと思い込んでいるので、身分を確認せず、言われたまま書類にサインしてしまうことも。名札や身分証明書を提示されても、それがニセモノの可能性もあります。その場でサインが欲しい、契約したいと言われてもきっぱりと断ることが大切です。

相手を家に入れない

犯人は親切そうに見えるので「無料なら点検してもらってもいいかも」「役所から来た人なら大丈夫ね」と油断してしまいがちです。

しかし、家に入れてしまったら相手の思うつぼです。どんな相手でもアポなしでやってきたら、家に入れてはいけません。

どうしても話を聞きたいなら、その場で家にあげるのはやめて、あらためて家族がいる時間に来てもらうようにしましょう。

寂しい、不安……高齢者の心理を巧みに利用

催眠商法

会場に人を集め、販売員が日用品などを無料配布して盛り上げたあと、雰囲気にのまれて冷静な判断ができなくなった高齢者に高額な商品を売りつけます。親切な販売員を高齢者は信頼しきってしまいます。

私の体験談

80代の母がふとんや健康食品を買わされていた。私より販売員を信頼していて説得が大変だった。（50代・女性）

私の体験談

健康講座だというので気軽に参加したら、高額なマッサージ機を買えと言われた。（70代・男性）

よくある手口

例 1

商店街や駅前で、**無料で商品を配り**、会場に誘導します。すでに人がいて、**健康についての話を聞かせたあと**、羽毛ぶとんや鍋、健康食品やマッサージ器など、**高額な商品の購入をすすめてきます。**

例 2

友人に誘われることもあります。会場に多くの人が集まり、販売員が「欲しい人は手をあげて！」と**熱狂的な雰囲気を作り出し、催眠状態に**します。高齢者は**買わないと損だ**と思い込んでしまうのです。

例 3

販売員は基本的にとてもやさしく、**親身になってくれる**ので、高齢者は**信用しきってしまいます。**一方、威圧的な態度の業者もいて、商品を買わずに帰ろうとすると**「タダで帰れると思うな」などと脅し**たりします。

だまされないために

「タダより高いものはない」と肝に銘じる

無料で何かもらえるというときは「裏に何かあるのでは？」と冷静に考えましょう。なかでも引換券やチラシに書いてある会場が、仮設の臨時店舗の場合は要注意。返品したいときに、店舗がなくなって連絡がつかない可能性もあります。

雰囲気にのみ込まれない

無料で何かをもらったからといって、代わりに商品を買わなければいけないという決まりはありません。

買う前に、その商品が本当に欲しいものかどうか、その値段で買う価値があるかどうか、いったん立ち止まって考えましょう。

家族は高齢者の買い物をチェックする

催眠商法は高齢者を狙いうちしています。被害者は、販売員を信じきって次から次へと商品を購入し、ときには預金を使い果たしてしまうことも。

家族は自宅に見慣れない商品がないか、不要なローンを組んでいないかなど定期的にチェックしましょう。

被害にあっていることがわかっても、本人は「ただの買い物」だと思っていることが多いので、頭ごなしに怒ったりせず、話し合うことが大切です。

恋愛感情を利用して高額な商品を買わせる

デート商法・婚活詐欺

販売目的であることを隠し、相手に好意を抱かせて高額な商品を購入させる手口です。お金がないと断ると、借金させられることも。最近は婚活サイトやマッチングアプリなどで出会うパターンが増加中。

将来のためにマンションを買わな〜い？
ねえねえ
いいかもな〜ふたりのために♡

私の体験談

80代の父が親しくしている50代女性が働いている会社で絵画を数十万円で買わされていた。（40代・女性）

私の体験談

交際中の同世代の女性が「息子が事故を起こして示談金がいる」と言うので100万円貸したら、音信不通になった。（70代・男性）

よくある手口

例 1

出会い系サイトやマッチングアプリで知り合った異性とデートを重ねるうちに、相手が「**投資用マンション**を買わないか」「将来のためにダ**イヤモンド**を買おう」など高額商品の購入をすすめてきます。

例 2

街で**販売員**がアンケートと称して声をかけ、**事務所や店舗に連れていく**ことも。犯人が**身の上話を赤裸々に語り、感情移入**したところで商品の話を持ちかけます。相手を助けたいと、購入してしまいます。

例 3

恋人と思い込んでいた相手が「親が病気でお金が必要」「会社のお金を使い込んでしまった」などと泣きつき、**お金を要求するパターン**も。お金が支払われると連絡がつかなくなり、初めて詐欺だとわかります。

だまされないために

アプローチが積極的すぎる人は疑う

犯人はだませる人に出会うことが目的なので、積極的にアプローチしてきます。相手のことが好きだから積極的になるのではなく、早急に親しい関係になりたいからです。

押しに弱い人は、ここで犯人のペースにのまれ、意のままに操られてしまうこともあります。

出会ったときに押しが強すぎる人は、警戒しましょう。

きっぱりと断る勇気をもつ

お金の支払いを断ると、相手の気持ちが離れてしまうのではないかと心配になるでしょう。しかし、それこそが犯人の狙いです。

本当に好きな相手であれば、支払いを断るぐらいで気持ちが離れることはないはずです。

お金の話が出たら怪しいと疑う

犯人はお金を使わせるのが狙いです。特に出会って間もない段階で商品購入や金銭の要求があった場合は「怪しい」と思っていいでしょう。

出会い系サイトやマッチングアプリなどは、登録に身分証明書が必要な場合もありますが、実際には偽造も可能です。詐欺目的で登録している人もいる、という意識をもちましょう。

あんしんコラム

だまされた！と思ったら

1 警察に相談する

まずは警察に「被害届」を提出しましょう。「詐欺事件はよくあるから、警察に相手にされないのでは」「だまされたと思われるのがはずかしい」などと放っておいては、犯人の思うツボ。被害が拡大してしまいます。

最寄りの警察署や交番に問い合わせるか、電話なら「＃９１１０」へ。専門の相談員が対応し、的確なアドバイスがもらえます。

#9110

警察相談専用電話へ！

2 制度を利用してお金を取り戻す

ニセ電話詐欺などの被害者のお金を少しでも取り戻すための法律が2種類あります。

ひとつめは「振り込め詐欺救済法」。犯行に使われた口座（振り込み先）を凍結し、そこから被害金額を分配します。

ふたつめは「被害回復給付金支給制度」。犯人が捕まれば、犯人の財産を差し押さえて現金化し、被害者に分配します。

どちらも警察に被害届を出す必要があります。必ず取り戻せるわけではありませんが、制度を知っておくことが大切です。

振り込んだ先の銀行と口座番号は覚えておきましょう！

3 消費者ホットラインに電話する

「訪問販売で断りきれずに割高な商品を買わされてしまった」「必要のないリフォームの契約をしてしまった。解約したい」などといった困りごとは、消費者ホットライン「１８８」に電話をしましょう。

音声案内に従って操作をすると、最寄りの消費生活センターや消費生活相談窓口を案内してくれます。ここは地方公共団体が設置している、業者とのトラブルを解決する強い味方です。

消費者ホットライン
188
「イヤや」と覚えましょう

電話で所持金を確認してから強盗に入る

アポ電強盗

アポ電とは、アポイントメント電話の略で、事前に身内や銀行員などを装い電話をかけ、家にいくら現金があるかを言葉たくみにたずねます。犯人グループはターゲットにする家の生活状況も把握していて、高齢者が家にひとりでいる時間を狙い、複数で押し入ります。

アンケートです。現金は家にありますか？
はい、あります
いくらぐらいありますか？
えっとだいたい…

事例

高齢者宅に電話があり、家に現金があることを話してしまった。数時間後３人組に押し入られ、手足を縛られ、金庫の番号を無理やり聞いてお金を奪われた。

また、ニセ電話詐欺で被害にあった１カ月後にアポ電強盗にあった例も。家に現金がある情報が、犯人グループで共有されたとみられる。

よくある手口

例 1

電話で**消防署や警察署を名乗り**「災害時のために聞いています。**ひとり暮らしですか**」と聞いてきます。思わず答えてしまうと、すぐに電話が切れますが、すでに相手に**家族状況が伝わっています**。

例 2

親族や金融機関を装い、電話で**資産や自宅にある現金の場所**などを聞いてきます。実在の名前を名乗るので信用して答えてしまいます。その場でお金は要求されませんが、**資産状況がもれてしまいます**。

例 3

テレビ番組の**アンケート**だという電話がかかってきて、**家族状況や収入、預金額、自宅に現金があるか**などを聞かれます。健康法や趣味に関する質問も混ぜ込んでくるので、怪しいと思わず答えてしまいます。

被害にあわないために

電話に出ない

犯人は固定電話を使用している高齢者をターゲットにしています。電話に出なければ、アポ電強盗の被害にあうことはありません。

固定電話は留守番電話に設定しておきましょう。本当に必要な用件ならば、相手は留守電に連絡先などを残すはずです。犯人は声を残すのを嫌がりますから、メッセージを残すことはまずありません。

番号表示機能のある電話を使い、知らない番号には出ないようにするのも有効です。

「迷惑電話防止装置」（P11 参照）を活用するのもいいでしょう。

個人情報はもらさない

名前や住所はもちろん、家族構成や資産状況も個人情報です。うかつに教えないようにしましょう。

犯人は高齢者が日中ひとりでいるところを狙います。ひとり暮らしかどうかと聞かれたときは、実際にはひとり暮らしだったとしても「息子夫婦と暮らしている」と、ときにはウソをつくことも身を守るためには必要です。

ドアは絶対に開けない

犯人は突然家にやってきます。警察を名乗り「家の前の落とし物がおたくのものか確認してほしい」と言われてドアを開けた瞬間、押し入られたケースも。ひとりで家にいるときは、どんな相手でも居留守を使いましょう。本当に用事のある人なら伝言を残したり、別の方法で連絡がくるはずです。

昔ながらのいわゆる〝泥棒〟

空き巣・忍び込み

家に人がいないときを狙うのが「空き巣」、寝ているときに入ってくるのが「忍び込み」です。このほかに人がいても入ってくる「居《い》空《あ》き」があり、耳が遠く物音に気づきにくい高齢者は注意が必要です。

テレビの音が大きくて気づいていないな
しめしめ

私の体験談

近所への買い物だからとカギをかけずに出かけてしまった。アクセサリーと現金を盗られた。(70代・女性)

私の体験談

朝起きたら居間が荒らされていて、財布と時計が盗られていた。庭の窓のカギをかけていなかった。(70代・男性)

よくある手口

例 1

空き巣は**留守宅を狙い**、カギのかかっていない**窓やドアから侵入**します。カギがかかっていても、ドアをこじ開けたり、窓を割って入ることも。侵入してからおおよそ**5分以内に金品を盗み、逃走**します。

例 2

在宅中に侵入するのが居空きです。**一軒家**が狙われやすく、家族みんなが2階にいるとき、誰もいない1階で盗みをはたらきます。**見つかると強盗**となり、**危害を加える**こともあるので危険です。

例 3

忍び込みは、**夜、寝ている間に侵入**します。**一軒家**が狙われやすく、侵入経路の多くは**カギのかかっていない1階の窓**です。忍び込み犯も見つかると危害を加えてくることがあるので要注意です。

被害にあわないために

玄関・窓の防犯対策をする

まずは戸締りをすることです。ゴミ出しや近所への買い物など、短時間の外出でもカギをかけましょう。2階以上にある窓も、油断せずに施錠してください。さらに窓の近くに足場となるようなものを置かないことも大切です。
泥棒は、侵入に時間がかかる家を嫌がるので、ドアに補助錠をつけたり、窓に防犯フィルムを貼るのも得策です。

防犯意識が高そうに見える家づくり

泥棒はつねに「どこの家に入ろうかな」と物色しています。なるべくリスクの低い家を狙うので、少しでも「ここに入るのはめんどくさい」と思わせることが大切です。たとえば門灯やセンサーライトで家の周りがつねに明るい家は、泥棒が嫌がります。ダミー（ニセモノ）でいいので、防犯カメラを設置するのも効果的です。

ご近所さんと親しくする

泥棒は近所づきあいの様子も確認します。ご近所同士で仲のよい地域であれば、よそから来たものは「不審者」と思われて注目されます。泥棒は人目につくのを嫌がるので、そういった地域では犯行に及びません。
逆にゴミ捨て場が荒れていたり、建物に落書きがしてあったりする地域は、住民同士のコミュニケーションが希薄だと判断され、泥棒が狙いやすいのです。

外出先での一瞬のスキが狙われる

スリ・置き引き

人混みで財布などをサッと抜き取るのがスリ。置き引きは、荷物から目を離したスキに持ち去る犯罪行為です。一瞬で盗まれるので、いつ被害にあったかわからないことも多く、犯人逮捕が難しい犯罪です。

私の体験談

道で後ろからぶつかられ、すみませんと言われたが、バッグの財布がなくなっていた。（70代・女性）

私の体験談

旅行中にスマホで地図を見ていたら、そばに置いておいたカートを盗まれていた。（70代・男性）

よくある手口

例 1

酔いつぶれている人に「大丈夫ですか？」と介抱するかのように近づき、財布などを盗みます。このとき、**スリ仲間数人で取り囲み**、犯行現場を他の人に見られないようにすることもあります。

例 2

人混みを利用して犯行に及ぶことも。多く発生する場所は満員電車、バーゲン会場、競馬場、お祭り、イベント会場などです。また、声をかけてきて**会話で気をひいているスキに盗む**こともあります。

例 3

置き引きは、**何かに熱中して荷物への意識が薄くなっているとき**が狙われます。競馬場やパチンコ店、テーマパークなどの娯楽施設、飲食店で話し込んでいるとき、電車で居眠りをしているときが危険です。

被害にあわないために

狙われやすいところに貴重品を入れない

財布をズボンの後ろポケットや上着の内ポケットに入れる人がいますが「取ってください」と言っているようなものです。貴重品はバッグの奥に入れましょう。

さらに電車やエスカレーターに乗っているときや混雑している場所では、バッグは前に抱えましょう。後ろにあると、ナイフで切られて取られることもあります。

知らない人が急に近寄ってきたら要注意

道をたずねてきたり、「洋服が汚れていますよ」と近づいてくるスリもいます。知らない人が不自然に距離を縮めてくる場合は警戒し、十分な距離をとりましょう。

また携帯電話で話しているときも狙われやすいので気をつけて。

大事な荷物以外はロッカーに預ける

置き引きは、持ち主の体から荷物が離れたスキを狙っています。ターゲットにされると、ほんの一瞬で盗まれてしまうのです。

重くてかさばるなど、つい置いてしまうものはコインロッカーに預け、貴重品だけを持ち歩くようにしましょう。

動きがゆっくりな高齢者のバッグがターゲット

ひったくり

オートバイなどで近づき、バッグなどを奪います。狙われるのは女性が大半。女性はバッグに財布を入れている確率が高いからです。犯人に倒されたりしてケガをすることもあるので注意しましょう。

私の体験談

自転車カゴに入れていたバッグを盗られた。犯人はバイクだったので追いかけられなかった。（70代・女性）

私の体験談

夜、人通りのない道でバッグをひったくられた。怖くて「助けて」も言えなかった。（80代・女性）

よくある手口

例 1

狙われるのは**歩行者の持っているバッグや自転車の前カゴに入っているバッグ**です。犯人はバイクや自転車で**追い抜きざまに**盗みます。人通りの少ない道で、暗くなる夕方から夜にかけて犯行が多発します。

例 2

被害者の多くが**女性や高齢者**です。また、犯人はひとりではなく、**ふたり以上で襲ってくる場合**もあります。ひったくられたときに転倒したり、そのまま**引きずられたりして大ケガ**につながったケースも。

例 3

銀行など金融機関で**お金をおろした帰りを狙う**ことを「途中狙い」といい、これもよくある窃盗の手口です。**道を聞いたりして意識をそらせたスキ**に、お金の入ったバッグをひったくって逃走します。

被害にあわないために

車道側にバッグを持たない

歩行中、バッグなど貴重品が入ったものは、車道と反対側に持ちましょう。ショルダーバッグは、斜めがけにすると奪われにくいです。
自転車移動するときは、前カゴに防犯カバーをつけましょう。自転車のハンドルにバッグをひっかけると、奪われたときに転倒する危険があります。

ひとりで大金をおろさない

途中狙いの被害にあわないためには、大金をおろすときは信頼できる誰かと一緒に行くのがおすすめです。
ATM でお金をおろしているとき、キャッシュカードの暗証番号をのぞき見し、帰りに奪い取る犯人もいます。大金をおろすときは複数で銀行に行くようにすると、狙われにくくなります。

ながら歩きをしない

携帯電話で話したり、スマートフォンを見たりしながら歩いていると、周囲の状況がわかりにくいので狙われやすくなります。
つねに警戒心をもち、不審なバイクや自転車にあとをつけられていないか確認しましょう。人通りが多い道を通るようにしたり、すぐに使える防犯ブザーを持ってもいいでしょう。

相手からぶつかってきて因縁をつけられる

当たり屋

わざと事故を起こしてお金をだましとる手口です。自動車だけでなく、自転車や歩行者も狙われます。人身事故の治療費や慰謝料、示談金を求めたり、物損事故の修理費を求めてくることもあります。

私の体験談

歩いていたら急に横から女性がぶつかってきて、スマホが割れたから弁償してと言われた。

（70代・男性）

私の体験談

自転車で走行中、急に人が前に現れた。軽くぶつかると「時計が壊れた」と大騒ぎされた。

（60代・男性）

よくある手口

例 1

歩行者として**走る車に近づいてきて自分からぶつかり、治療費や慰謝料を請求**します。困っていると他人のふりをした共犯者がやってきて「示談金を払ったほうがいい」などと言ってくることがあります。

例 2

ぶつからないタイプの当たり屋もいます。狭い路地や十字路で待ち構えていて、**出会い頭に驚いたふりをして転倒**し「捻挫した」「スマホが壊れた」などと言って少額（数千円〜1、2万円程度）を要求されます。

例 3

自転車をターゲットにする犯人もいます。こちらも細い路地や曲がり角で**待ち伏せしてわざと接触**します。狙われやすいのはスマホを見ながら歩いていたり、よそ見をしながら自転車を運転している人です。

被害にあわないために

まずは警察を呼ぶ

当たり屋にあったかどうかは別にして、車や自転車で事故を起こしたら、まずは警察を呼びましょう。これは道路交通法上の当事者の義務です。

警察が現場検証を行い、実況見分調書を作成します。これが資料となり、のちに当たり屋行為の立証に役立つ可能性があります。

怪しいと思ったら録音する

相手の様子が怪しい、明らかに脅されていると感じたときはスマホなどを利用して会話を録音しましょう。警察が来たときや、あとで裁判になったときの証拠になる可能性もあります。

録音でなく、メモでもいいでしょう。

その場での示談には応じない

当たり屋は、警察を呼ぶのを嫌がり、その場での示談金を提示してくることが多くあります。最近は多額を要求するというより、その場で支払えそうな少額を要求する〝小遣い稼ぎ〟的な犯行も増えています。

決してその場で支払いに合意せず、警察を呼ぶようにしましょう。

あんしんコラム

個人情報、どこからもれる？

個人情報は絶えず狙われている

詐欺犯から電話がかかってきたり、悪徳業者が家を訪問してくるのはなぜでしょう？それは相手があなたの個人情報を知っているからです。

知られているのは電話番号や住所だけではありません。年齢や家族構成、家族の勤務先、年収や預金額、なかには詐欺にあってだまされたことがあるかどうかまで知られていることがあるのです。

相手はプロですから、ありとあらゆる方法で個人情報を入手します。なるべくもらさないように自分で対策するしかありません。

ここに注意！

アンケート

アンケート調査や懸賞募集で気軽に書き込んだ個人情報が悪用されることがあります。

ブログやSNS

自分のホームページやブログ、SNSに住所や名前が特定できる情報を公開するのはやめましょう。

フリー Wi-Fi

無料で使えるWi-Fiに接続して個人情報を書き込むのは要注意。セキュリティが甘いので、悪意のある人に情報を盗まれることがあります。

ネットショッピング

SSLと呼ばれる暗号化技術や本人認証サービスが施されていないサイトで個人情報を書き込んだり、クレジットカードで支払うと情報が漏えいする可能性が。

顧客名簿

高級自動車の購入者やゴルフの会員権所有者など「お金持ちの名簿」が売買されていることがあります。名簿の転売は規制が強化されていますが、まだまだ売買されているのが現状です。

PART《パート》

2

暮らしの危険から守る

転倒でのケガや、火災、事故など、思わぬところに隠れている危険がたくさんあります。

家庭内事故のトップ原因

転倒・転落

安全そうに思える家の中ですが、実は事故の多い場所。年齢を重ねると、腰や膝が痛んだり、筋力が衰えたりして、歩き慣れた室内でも転びやすくなります。また、白内障がすすみ、暗い場所や明るい場所でものが見えにくくなるのも、転倒の原因に。危険な場所と対処法を紹介します。

私の体験談

2階から階段をおりるとき、踏み外して尻もちをつき、尾てい骨にヒビが入った。（80代・男性）

私の体験談

夜、トイレに行こうとベッドから起き上がったところ、なぜか足がもたついて転び、骨折してしまった。（70代・女性）

ここが危ない

リビング

浮いたカーペットの端
➡両面テープなどで床に固定する。

床に散乱した小物
➡きちんと収納する。

電気コード
➡壁際にはわせる。ケーブルボックスに入れる。

玄関

三和土《たたき》との段差
➡手すりをつける。踏み台を置く。

暗がりで見にくい
➡足元灯をつける。

靴の脱ぎ履きで
バランスを崩す
➡イスや折り畳みベンチを置く。

廊下

部屋との段差
➡スロープをつける。

暗がりで見にくい
➡足元灯をつける。

すべる
➡スリッパや靴下をすべり止めつきにする。または履かない。

ベッド

おりるときに転落
➡手すりをつける。高さが低いベッドに替える。

寝返りで転落
➡柵をつける。片側を壁につける。

階段

踏み外す
バランスを崩す
➡手すりをつける。

暗がりで見にくい
➡足元灯をつける。

ものにつまずく
➡ものを置かない。

段差が大きい
➡手すりをつける。

すべる
➡すべり止めテープを貼る。すべり止めマットを置く。

庭など

脚立や屋根など高所での作業で転落
➡若い人や専門職にまかせる。ひとりでは絶対にやらない。

植木鉢につまずく
➡足元に置かず、台などにのせる。

➡室内のリフォームには介護保険制度が適用されることがあります。お住まいの自治体に相談しましょう。

いつもの
トイレやお風呂で
事故が多発

水回りの危険

お風呂で溺れるのは子どもだけではありません。実は高齢者も注意が必要です。また、行き慣れているはずのトイレや洗面所ですべって大ケガをすることも。今一度、安全かどうか見直しましょう。

私の体験談

お風呂場の床がヌルヌルしてすべって転んでしまい、腕を切った。(70代・男性)

私の体験談

トイレで用をすませて立ち上がろうとしたら、立ちくらみで壁に頭を打った。(80代・女性)

ここが危ない

お風呂場

床がすべりやすい
➡すべりにくい床材に替える。手すりをつける。

出入り口でつまずく
➡手すりをつける。すのこを敷いてお風呂場の床全体を高くする。

**浴槽が深くて
またぐのが怖い**
➡浴槽の外側にステップを置く。浅い浴槽に取り替える。

その他
➡転倒に備えて、お風呂場の扉をガラス以外のものにする。具合が悪くなったときのために、非常ブザーを設置する。

トイレ

出入り口でつまずく
➡リフォームで段差をなくす。

和式便座が座りにくい
➡洋式にして足腰の負担を軽減する。

**便座から
立ち上がりにくい**
➡便座の横に手すりをつける。

**おしりが
うまく拭けない**
➡温水洗浄便座にする。

掃除が大変
➡便器に自動洗浄機能をつけて衛生的な状態をキープする。床材を汚れにくいものに替える。

その他
➡照明を明るくして足元が見えるようにする。

洗面所

転びやすい
➡すべりにくい床材に替える。床にものを置かない。

**洗面台の高さが
腰に負担**
➡使いやすい高さの洗面台に替える。または、自由に高さを変えられる洗面台にする。

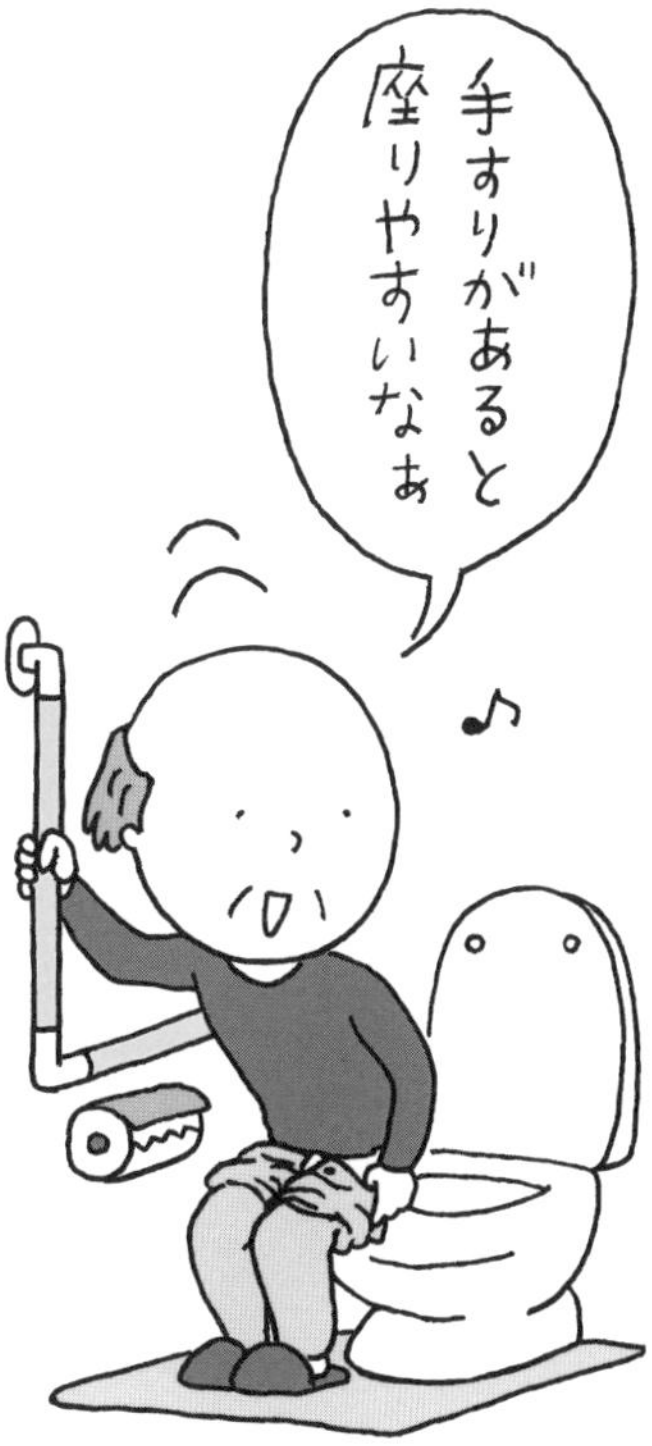

➡お風呂場やトイレ、洗面所のリフォームには介護保険制度が適用されることがあります。お住まいの自治体に相談しましょう。

寒暖差が命取りになる
ヒートショック事故

寒い時期に気をつけたいのが、ヒートショックです。急激な気温変化で血圧が大きく変動するため、体に変調をきたします。ときには心筋梗塞や脳梗塞、脳出血を引き起こし、突然死につながることもあります。

私の体験談

血圧の高い夫（70代）は冬、お風呂に入ったときに心筋梗塞で倒れました。（60代・女性）

私の体験談

冬、脱衣所でふらついて倒れてしまいました。（70代・男性）

温度差で血圧はこんなに変わる

移動によって気温が大きく変化すると、血圧も乱高下。特に冬場の入浴が危険です。

ヒートショックを防ぐ5つのポイント

ポイント1 お風呂場を暖めておく

お風呂場に暖房がない場合は、シャワーで浴槽にお湯をはるとお風呂場が暖まります。

ポイント2 脱衣所も暖める

お風呂場と脱衣所の温度差も血圧変動の要因です。暖房器具で暖めましょう。

ポイント3 湯温設定は41℃以下に

湯船につかったときに一気に血圧が下がらないよう、湯温を低めに設定します。また、湯船につかるのは10分以内が理想です。

ポイント4 かけ湯をしてから入る

湯船につかる前にかけ湯をして、体をお湯に慣らしましょう。手や足からかけ、心臓に近い部分は最後にかけます。

ポイント5 入浴前後に水分をとる

入浴で汗をかくと体内の水分が減り、血栓ができやすくなります。その状態で湯船につかると、心筋梗塞や脳梗塞のリスクが高まります。

ヒートショック事故はトイレでも起こります。冬は暖房を入れたりしてトイレも暖かくしましょう。

あんしん
コラム

高齢者の体の変化

老化現象は誰にでも起こる

年を重ねると、体に変化が生じてきます。若い頃は当たり前にできていたことが徐々にできなくなり、生活が不便になったり、ときに危険を招いたりすることも。

視覚、聴覚、嗅覚、味覚、触覚のいわゆる「五感」も機能が低下します。五感によって外部からの情報を取り入れているので、これらの機能が低下すると、日常生活のさまざまな場面に影響が出ます。

視覚

40代半ばから老眼が始まり、50代になると、本などの小さな文字がとても読みにくくなります。**ピント調節機能の低下は60代半ばまで**続きます。

また50代以降の半数以上が白内障を発症します。**80代にいたっては、99%の人が白内障**です。目が見えにくくなると、段差につまずいたり、信号を見落としたり、車が近づいているのに気づかなかったりします。

視野が狭くなったり、動体視力も落ちます。

嗅覚

70代以降、**においを感じる力が弱まります。**ガス漏れや何かが燃えているにおいに気づきにくくなります。

聴覚

50代後半から聞こえにくくなり、60代後半で症状が急速に進みます。まずは、女性や子どもの声、電子音など**高い音が聞こえにくくなります。**
しだいに**周囲の音も聞こえにくくなり**、事故にあいやすくなることも。

味覚

60代から味を感じにくくなり、**味付けを濃くしてしまいがち**です。結果、塩分を摂り過ぎて病気になることも。

また、味を感じられないと食事がおいしくなく、**食欲がなくなり、低栄養状態に陥る可能性**もあります。

セルフケアで体力や脳力を維持

身体能力や記憶力も徐々に衰えます。加齢によるものは、ある程度しかたがありませんが、毎日少しずつセルフケアすることで、現状をキープしたり、衰えるスピードを遅くしたりすることができます。

いつまでも自分の足で歩いたり、できるだけ人の介助を受けずに生活したい人は、「サルコペニア」と「フレイル」に気をつけましょう。

サルコペニアとフレイル

サルコペニアとは、加齢や病気で**筋肉量が減少し、身体機能が低下する**ことです。転倒やふらつきの原因になります。
フレイルは**加齢で心身が衰えた虚弱状態**のことです。低栄養やサルコペニアなどにより、活力や気力が失われてしまいます。そのまま**寝たきりになってしまうことも**多いです。

記憶力

50代から次第に衰え、60～70代で顕著になります。すべてを均一に忘れるのではなく、**昔の記憶や楽しかったことは覚えているのに最近のことは忘れる**など、記憶の状態にムラがあります。

触覚

50代から機能が低下し、70代から顕著になります。手に持っている**ものを落としやすくなったり、熱さがわからずやけどしてしまう**こともあります。熱中症になりやすいのも、**暑さを感じにくい**からです。

関節・筋力

膝や腰の痛み、関節の変形は40代から始まり、**80代になると膝は半数以上の人が、腰は70%以上の人が変形**します。
筋力も40代から低下し、50～60代で顕著に。上半身よりも下半身が衰えやすく、**歩くスピードが落ちたり、転びやすくなります。**

コンロの消し忘れや洋服への引火

料理中の火事

毎日のようにテレビで流れる火事のニュース。住宅火災における死亡者数は、高齢者が7割以上を占めています。火災原因で多いのが料理中の火事。高齢者の料理は脳トレにもなりますが、注意が必要です。

私の体験談

フライパンで炒め物を作っていたとき、コンロの火が袖についてしまい、大やけどになった。（70代・女性）

私の体験談

少し認知症のある90代の母が、コンロの火を消し忘れ、ふきんに火が燃え移ってしまった。（60代・女性）

料理中の火事、原因は？

例 1

その場を離れてしまった

コンロによる火事の約半数は消し忘れによるものです。電話や宅配便の対応でその場を離れてしまい、コンロの火を消し忘れてしまいます。

絶対に火のそばを離れない、離れるときは火を消すのは鉄則ですが、**高齢者は火を消すことを忘れたり、ときには料理していることさえも忘れてしまう**こともあります。

そこを踏まえた対策を検討しましょう。

例 2

火が燃え移ってしまった

コンロの周りに置いてあった**新聞紙やふきん、着ている衣服の袖などに火が燃え移って火事になる**ことがよくあります。

高齢者は元気に見えても、判断能力や運動機能が低下しています。特に白内障があると、**青いものが見えにくくなるので、コンロの火がよく見えず**、衣類を近づけすぎてしまうことがあるようです。

料理中の火事を防ぐ４つのポイント

ポイント

1 コンロを替える

火を使わないIHクッキングヒーターにすれば、火事のリスクは減少します。どうしても「火」で料理がしたいなら、消し忘れたときや温度が高くなりすぎたときに消火機能がついているコンロに替えると安心です。

ポイント

2 コンロ周りをきれいにする

燃えやすいものは置かないこと。また、コンロの向こう側の調味料を取ろうとして袖に着火した例もあるので、置き場所も工夫しましょう。

魚焼きグリルの油かすに火がつき燃え広がることも。油かすが残らないよう、こまめにそうじしましょう。

ポイント

3 鍋底から火をはみ出させない

鍋底からはみ出た火が袖に着火することがあります。火加減をこまめに調節しましょう。

ポイント

4 袖をまくるか燃えにくい衣類にする

着火で一番多いのは衣類の袖です。長袖ならまくったり、防炎素材のアームカバーを使ったりしてもいいでしょう。エプロンも防炎素材のものがあります。

昔も今も
タバコの不始末から出火

タバコによる火事

60歳以上の男性は喫煙率が高く「お酒を飲むと吸いたくなる」「寝ながら吸う習慣がある」という人がたくさんいます。タバコをきちんと処理しないので、くすぶっていた小さな火が広がってしまうのです。

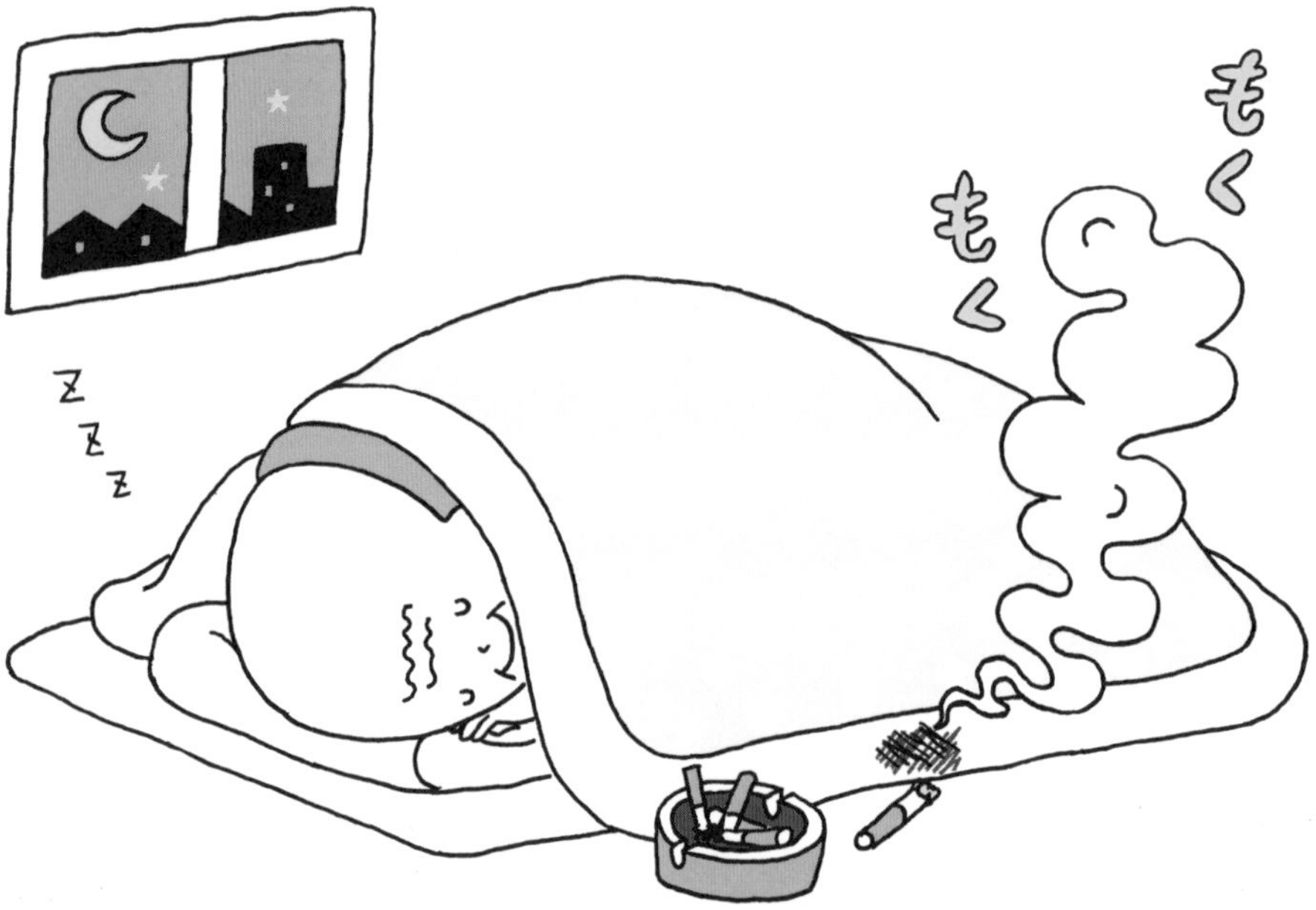

私の体験談

寝タバコをしながら本を読んでいて、そのまま寝てしまい、火が広がった。（80代・男性）

私の体験談

灰皿でタバコを消したつもりだったが、気づいたら煙が立ち込めていた。（70代・男性）

死者が最も多いのはタバコによる火事

住宅火災の原因第１位は「コンロ」(22.2%)、２位が「タバコ」(18.0%)です。この２つの割合はあまり差がありませんが、死者が出た住宅火災の原因となると、第１位はダントツで「タバコ」(42.2%)です。

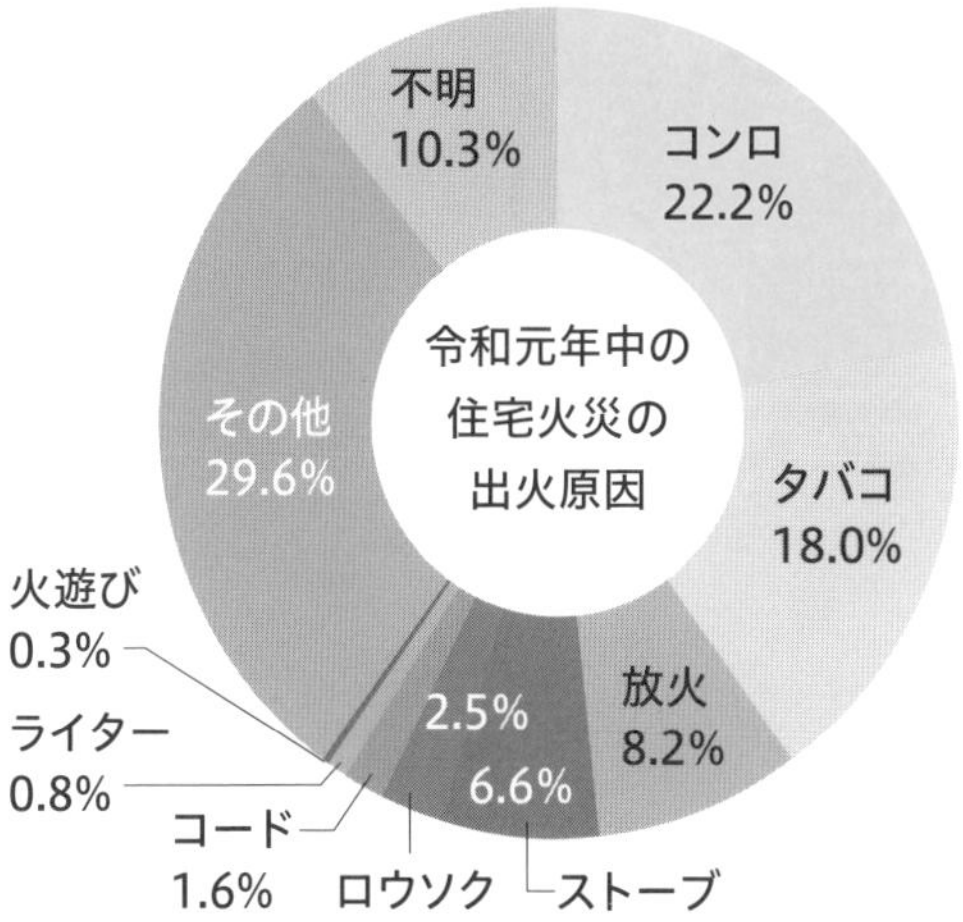

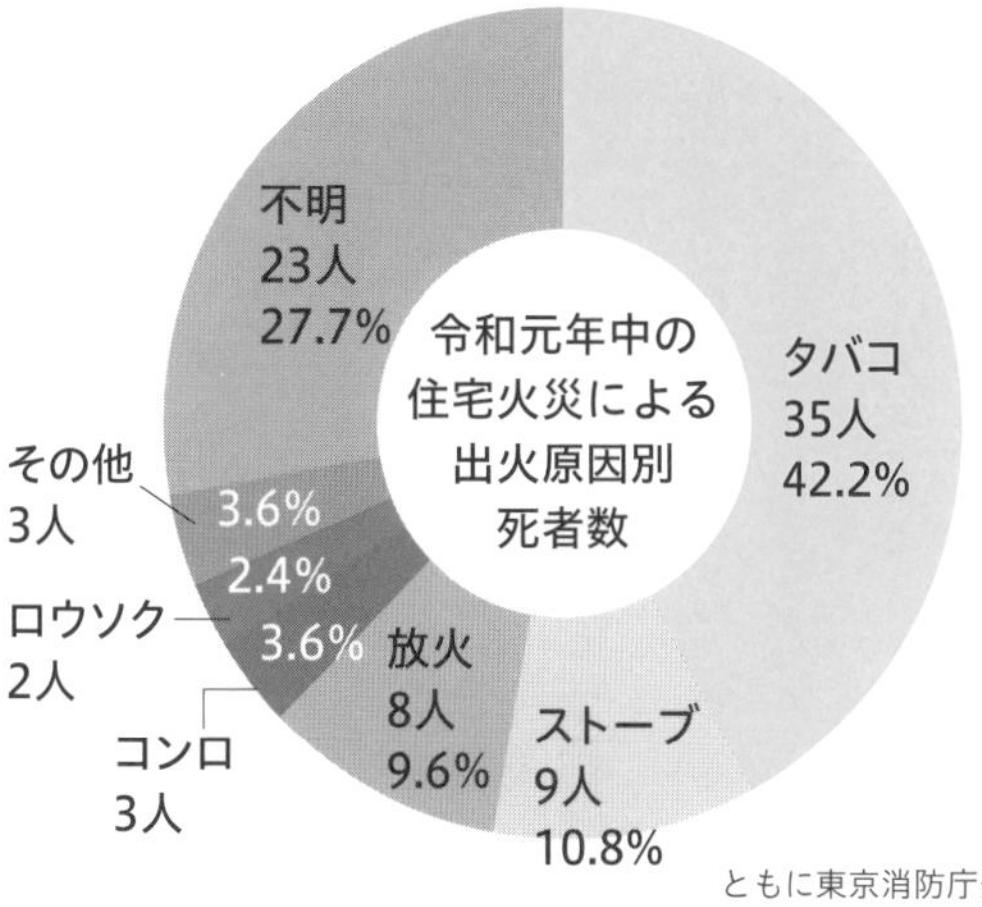

ともに東京消防庁発表

タバコはどうして大火事になる？

タバコの火の温度は700〜800℃、喫煙時には1000℃になります。これがふとんなどに落下すると、**炎をあげずに燃える**(無炎燃焼)ので、タバコを吸っている**本人はなかなか気づきません**。

気づいたときには**燃え広がっていたり、煙による一酸化炭素中毒になっていたりする**のでとても危険です。

これも注意！

仏壇に供えたお線香も、タバコと同じように無炎燃焼します。線香の火が座ぶとんに燃え移ってくすぶり続け、数十時間後に火が出ることも。小さな火種だからと甘く見ず、きちんと消しましょう。

タバコによる火災を防ぐ３つのポイント

ポイント 1 寝タバコは絶対にしない

ふとんの上でタバコを吸い、火種がふとんに落ちたことに気づかず寝てしまうと、取り返しのつかないことになります。

ポイント 2 タバコの火は水で完全に消す

もみ消しだけでは不十分です。火種が残っていて再び燃える場合があるので、水にひたして確実に消しましょう。

ポイント 3 吸い殻はためない

ため込んだ吸い殻に火種が残っていて発火したり、燃え移ることがあります。水を使って消火し、こまめに処分しましょう。

電化製品が思わぬ火元になることも

暖房器具・コンセント火災

暖房器具も、使い方を間違えれば火事の原因になります。実は石油ストーブよりも電気ストーブのほうが火元になっているというデータもあるのです。また、コンセントのホコリが原因の火事もあります。

私の体験談

電気ストーブの上にカーテンがかかり、火がついてしまった。（80代・女性）

私の体験談

石油ストーブの上に洗濯物を干していたら、落ちて火事になった。（70代・男性）

暖房器具火災発生ランキング

順位	暖房器具	割合	説明
1位	電気ストーブ	76%	火を使わないから安全と思われがちですが、それが油断につながります。ふとんや衣類など燃えやすいものを熱源に近づけすぎて、接触して出火します。
2位	石油ストーブ	11%	可燃物への引火のほか、火をつけたまま給油して、漏れた灯油に引火して火事になることも。
3位	石油ファンヒーター	6%	吹き出し口に可燃性のものを置くと火事になります。火をつけたままの給油も危険です。
4位	ガスファンヒーター	4%	
5位	ガスストーブ	2%	
番外	こたつ		火事になる原因で多いのが、衣類の接触。中で乾かそうとした衣類が熱源に長時間接触すると、火がつきます。熱線にたまったホコリが出火することも。

東京消防庁「平成29年版火災の実態」より

暖房器具火災を防ぐ3つのポイント

ポイント1 外出・就寝前に必ず消す

消し忘れてしまう人は長時間使用で自動的に消火するタイプのものに買い替えても。

ポイント2 燃えやすいものは近くに置かない

暖房器具の熱源近くにはふとんや衣類、紙などは置かないようにしましょう。

ポイント3 ストーブの上で洗濯物を乾かさない

吊るした洗濯物が落ちて引火することがあります。

コンセント火災はなぜ起こる？

コンセントが火元になる火災も。次のような原因があります。

トラッキング火災

コンセントとプラグの間にたまったホコリが空気中の湿気を吸い、漏電して発火します。テレビや冷蔵庫など長期間差し込んだままのコンセントが危険。掃除機でホコリを吸いましょう。

たこ足配線火災

たこ足配線にするとコンセントに負荷がかかり発熱、出火しやすくなります。1つのコンセントで複数の電化製品を同時に使用するのはやめましょう。

配線コード火災

コードに傷があったり負荷がかかったりすると、出火の原因になります。古いコードは使わない、コードを束ねて使わない、コードの上に家具など重いものを置かないようにしましょう。

暑さを感じにくい
高齢者は
室内でも要注意！

熱中症対策

気温と湿度が高い環境で、水分と塩分が失われることで具合が悪くなるのが熱中症です。患者の半数は65歳以上といわれています。体温調節機能が低下しているため、体に熱がこもりやすくなるのです。

私の体験談

夏、孫と公園に出かけているときに激しい頭痛が。脳卒中かと思いましたが、病院で熱中症と診断されました。（70代・男性）

私の体験談

真夏、家の中でじっとしていたのに吐き気や頭痛がして病院に行きました。熱中症と言われました。（80代・女性）

熱中症の症状

軽度

- めまい
- こむら返り

など

→

中等度

- 頭痛
- 吐き気
- ぐったりする
- 判断力、集中力の低下

など

→

重度

- 意識障害
- けいれん
- 過呼吸
- 手足の運動障害

など

高齢者はなぜ熱中症になりやすい？

「暑い」と
感じにくくなる

汗を
かきにくくなる

のどの渇きを
感じにくくなる

熱中症を防ぐ５つのポイント

ポイント 1 こまめに水分補給する

のどが渇いていなくても定期的に水分をとりましょう。

ポイント 2 冷たいタオルで体を冷やす

熱が体内にこもるので、濡れタオルや保冷剤を巻いたタオルを体にあてましょう。

ポイント 3 エアコンや扇風機を使う

室温が 28℃以上になったら危険です。すぐに部屋を冷やしましょう。

ポイント 4 暑いときは無理に動かない

夏の日中の外出はなるべく避けましょう。どうしても出かけるときは、日傘や帽子を忘れずに。

ポイント 5 家の中でも油断しない

熱中症の半数は家の中で起きています。室内にいても、水分補給や温度調節を心がけましょう。

命を落とす肺炎の原因になる

誤嚥

飲み込んだとき、本来なら食道から胃に送られるはずのものが気道や肺に入ってしまうことを「誤嚥《ごえん》」といいます。食べるとむせたり、のどにつかえたり、飲み込みにくいと感じる人は要注意です。

私の体験談

80代の夫は味噌汁を飲んで咳が止まらなくなり、息苦しそうだったので救急車を呼んだ。（70代・女性）

私の体験談

正月に食べた餅がのどにつまって焦った。のどに手を入れてもらって取り出した（70代・男性）

誤嚥の２大リスク

誤嚥性肺炎

誤嚥により、肺に細菌が入ることで炎症が起きます。70歳以上がかかる肺炎の約7割は誤嚥性肺炎です。

窒　息

食べ物が気道を完全にふさいでしまい、呼吸困難になります。高齢者の窒息死の数は交通事故を上回ります。

誤嚥はどうして起こる？

食べ物を飲み込む力が弱まる

加齢や病気で飲み込むために必要な力が低下するので、食道に食べたものを送り込めず気道に入ってしまいます。

寝ているときに胃から逆流する

食べたものが、寝ているときや横になっているときに食道を逆流して気道に入ってしまうことがあります。

寝ているときに唾液が入る

就寝中は飲み込む力が弱まるので、口に溜まったつばが気道に入ってしまうことがあります。

誤嚥を防ぐ５つのポイント

ポイント1 姿勢よく食べる

食事をするときは背すじをのばしましょう。食べたものが食道に入りやすくなります。

ポイント2 早食いしない

よく噛んで、ゆっくり食べましょう。早食いはつまらせるもと。

ポイント3 食べ物を刻む

大きいものはそのまま食べず、こまかく刻んで飲み込みやすくしましょう。

ポイント4 食後２～３時間は横にならない

胃からの逆流を防ぐために食後２～３時間は座った姿勢でのんびりします。

ポイント5 口の中の細菌を増やさない

誤嚥性肺炎を防ぐため、食後や就寝前は歯磨きを、起床後も口を洗浄しましょう。

ノロウイルスや
インフルエンザに
要注意！

感染症対策

心配すべき感染症は新型コロナだけではありません。高齢者は免疫力が低下しているので感染しやすく、重症化しやすい傾向にあります。ワクチンをはじめ、日ごろの手洗い、うがいなど予防につとめましょう。

私の体験談

インフルエンザで 40℃近い熱が出て、頭痛もひどかった。持病もあったので入院した。（70 代・男性）

私の体験談

カキフライを食べたあとに激しい嘔吐と下痢。ノロウイルスといわれた。カキが半生だったようだ。（70 代・男性）

高齢者がかかりやすい感染症など

インフルエンザ

冬に流行し、**38℃以上**の**高熱**がみられることが多いです。高齢者は**肺炎を併発する危険**があります。

ノロウイルス

ウイルスが付着した食品（特にカキなどの二枚貝）を食べることで感染し、**発熱や嘔吐、腹痛、下痢**を起こします。

肺炎球菌

大人がかかる**肺炎の原因菌**で最も多いのが肺炎球菌です。**持病があると重症化**しやすくなります。

MRSA
（メチシリン耐性黄色ブドウ球菌）

健康な人でも保有している黄色ブドウ球菌ですが、**抵抗力のない人**が感染すると、**肺炎や敗血症**を引き起こすことも。

O157

強い毒性のある**大腸菌の一種**で、**激しい腹痛や下痢**を引き起こします。汚染された肉や野菜を食べて感染します。

結核

高齢者の場合、**若いときに感染**した結核菌が、**免疫力の低下により発症**することがあります。

感染症を防ぐ３つのポイント

ポイント
1 手洗い・うがい

手はすみずみまで、石けんでしっかり洗います。アルコール消毒では対応できないウイルスもあるので、手洗いは必須です。のどうがいだけでなく、口の中もすすぎましょう。

ポイント
2 予防接種を受ける

インフルエンザや肺炎球菌はワクチンがあります。できるだけ接種しましょう。

ポイント
3 栄養と睡眠をとる

加齢により免疫力はどうしても低下しますが、バランスのとれた栄養と十分な睡眠で低下をおさえることができます。適度な運動や日常生活を楽しむことも大切です。

歩行速度が落ちると青信号で渡りきれないことも

横断歩道の渡り方

若いときはすんなり渡れていた横断歩道も、年をとると赤信号になっても渡りきれないことがあります。それは足腰の筋力が衰えて歩くスピードが遅くなったり、視野が狭くなったりすることが原因です。

私の体験談

自分では青信号で歩いているつもりだったが、車にクラクションを激しく鳴らされ、赤だと気づいた。（80代・女性）

私の体験談

青信号が点滅しているときに渡り始めたら、横断歩道の真ん中ぐらいで赤になってしまった。（80代・男性）

高齢者はどうして信号を渡りきれないの？

歩くスピードが落ちている

日本の信号はおよそ１秒間に１m歩くことを前提につくられています。しかし、85歳を超えると男性は１秒間に0.7m、女性は0.6mしか歩けません。これでは、渡りきれないのは当たり前です。
その理由は加齢にともなう**筋力低下や関節可動域の減少によって歩幅が狭くなる**こと。歩幅を広げて歩こうとすると、今度は体の揺れが大きくなって、転びやすくなるのでとても危険です。

信号が見えていない

高齢者は歩くとき、**転ばないように足元を見ている**ので、実は信号をあまり見ていません。

腰痛がある人や腰が曲がった人は、いったん止まって**体を持ち上げないと信号を見られない**ので、ほとんど見ていません。

また、**加齢でまぶたが下がる**ので視野の上のほうが見えにくくなり、信号も見えなくなるのです。

どうすればいい？

信号が青に変わるのを待つ

渡ろうとした信号が青でも、いったん赤になって再び青になるのを待ちましょう。青になった瞬間から渡り始めれば、少しは時間に余裕が出ます。

スクワットで足を鍛える

足に筋力をつけることで、歩幅も広がります。一番有効なのは太ももの筋肉を鍛えるスクワット。いすや机につかまり、腰を少し落とすだけで効果が出ます。

シルバーカーを使う

押しながら歩くシルバーカーは歩行をサポートしてくれます。歩いたり杖をついたりするときより歩行スピードが18%アップするという報告もあります。

青信号を延長できる信号もある

スイッチを押すと歩行者用の青信号時間を延長できる信号機があります。視覚障害者用の音響式と両方の機能をもった信号機も。設置されているときは、ぜひ活用しましょう。

道路のどこを歩くのが安全？

道路の歩き方

近所を歩行中に事故にあう高齢者はたくさんいます。車や自転車との接触だけでなく、対向から歩いてきた人とぶつかり、ケガをすることも。どこをどう歩くのが正しいのか、おさらいしましょう。

私の体験談

横断歩道がちょっと遠くにありめんどくさかったので、車道を渡ったら車にはねられそうになった。（70代・女性）

私の体験談

車道と歩道がわかれていないところでは、どこを歩いていいのかわからなくなる。（70代・男性）

事故は家の近所で起こる

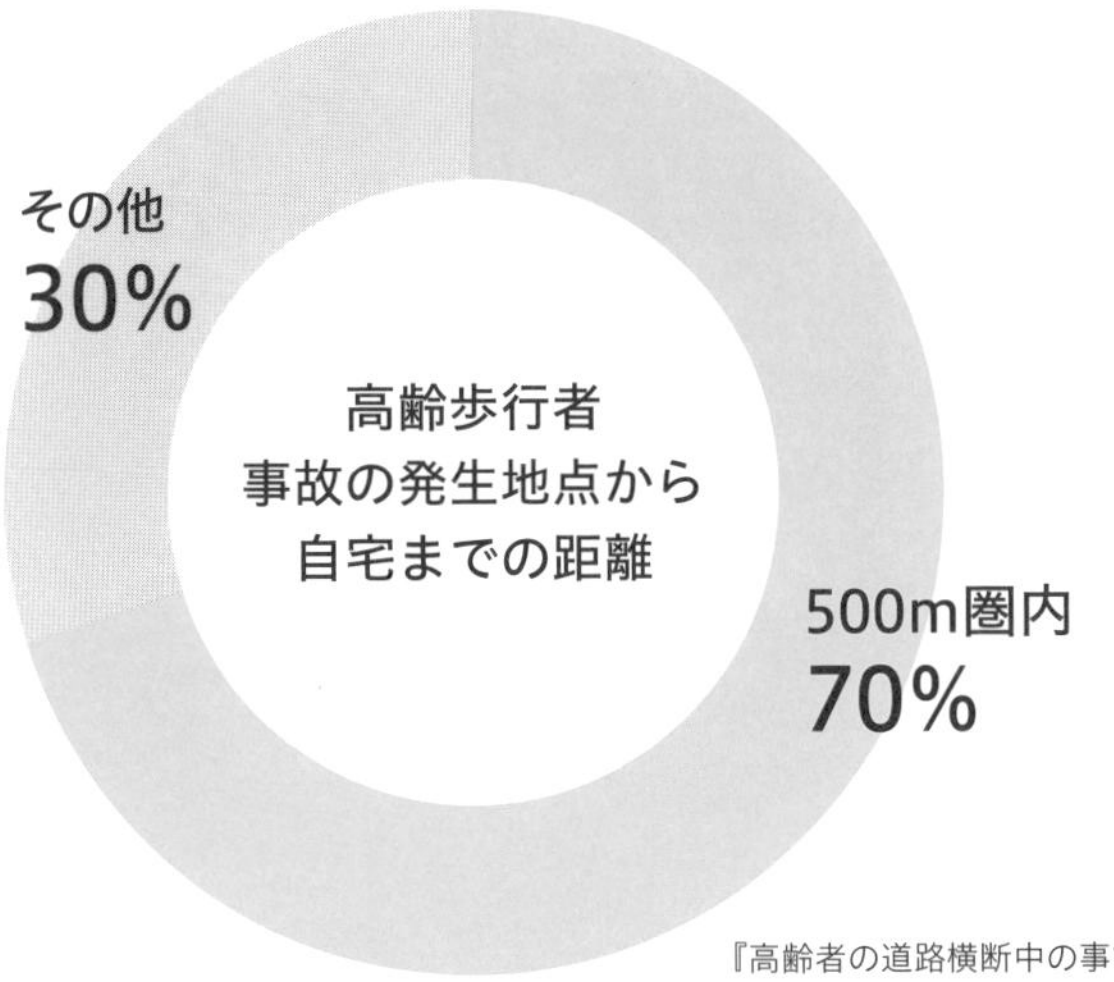

高齢者が歩行中の事故の７割は、自宅から500m以内で起きています。そのうち３割は買い物や散歩のための外出です。つまり、日常生活に事故の危険がひそんでいるということです。

『高齢者の道路横断中の事故』（交通事故総合分析センター）をもとに作成

高齢者の歩行中の事故原因

例 1 横断歩道があるのに横断歩道以外の場所を渡り、自動車と衝突。

例 2 走行中または停車中の車の直前（または直後）を横断し、自動車と衝突。

例 3 歩きスマホをしていて、前から来た歩行者とぶつかる。

例 4 夜歩いていて、車や自転車が来たのが見えずにぶつかる。

歩行中事故にあわないために

1 歩道があるところでは、必ず歩道を歩く
基本中の基本ですが、あらためて心得ましょう。

2 歩道がないところでは、道路の右側を歩く
「人は右、車は左」と覚えておきましょう。

3 夜歩くときは、明るい色の服を着る
事故は夕暮れ時に増えます。明るい色なら車からも見えやすくなります。

4 歩きスマホをしない
画面操作に夢中になり、周囲が見えなくなります。

乗り方や選び方で事故を防ぐ

自転車の乗り方

自転車は買い物など日常生活に欠かせない乗り物です。最近は電動アシスト自転車に乗る高齢者も増えました。しかし身体機能が低下し、足腰の筋力が衰えたり、視力が落ちたりすると、事故を起こしかねません。

私の体験談

曲がり角を曲がりきれずに転倒した。（70代・男性）

私の体験談

荷物をたくさんのせて坂道を走行中、バランスを崩して転倒した。（70代・女性）

原因はハンドル操作ミスが最多

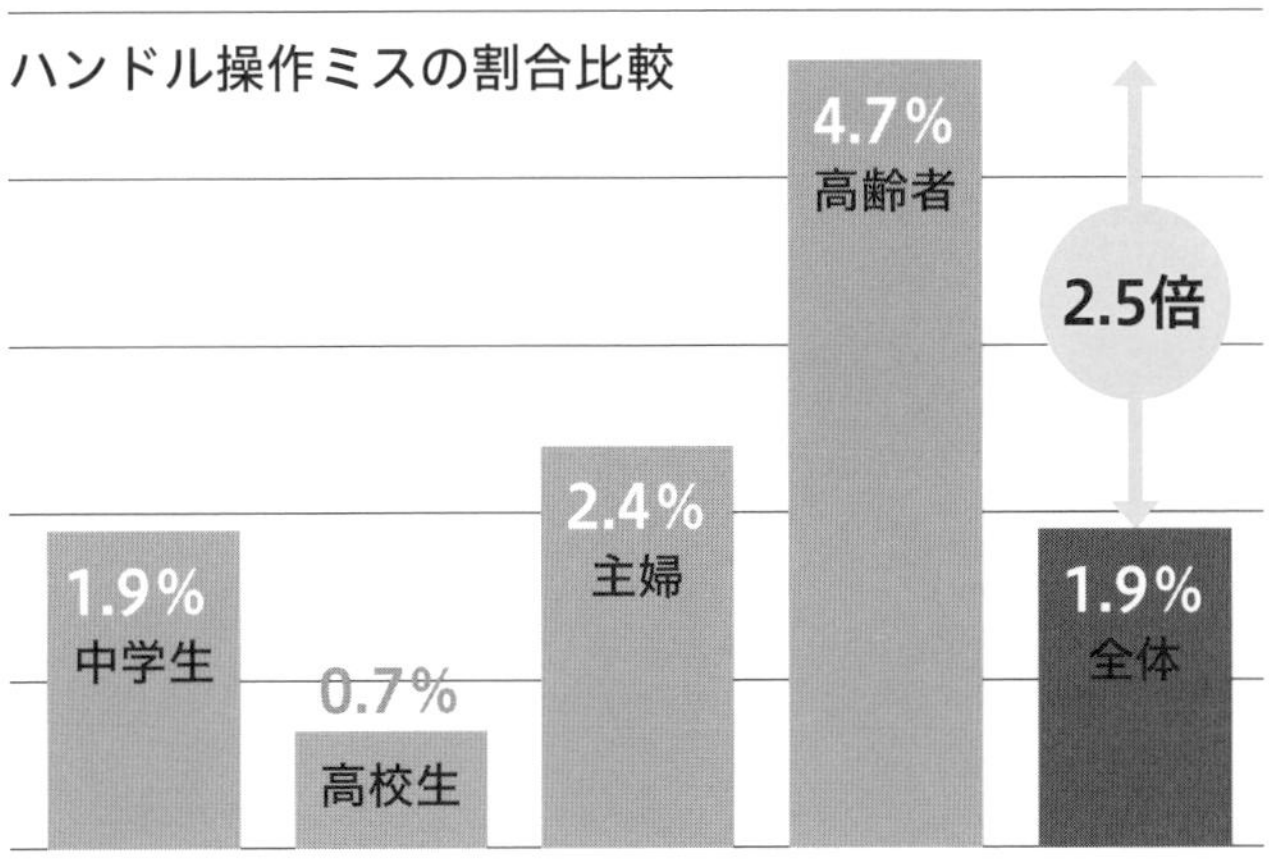

出所：自転車の安全利用促進委員会

高齢者の自転車事故の原因はハンドル操作ミスが最多です。その割合はほかの年代を含めた全体の約 2.5 倍にもなります。これは、加齢による視力や判断力、認知能力、筋力、バランス感覚などの低下が影響しています。若い頃は「あぶない！」と思うとすぐに避けられていたものが、避けられなくなっているのです。

自転車事故を防ぐために

乗りやすい自転車を選ぶ

乗り降り時の転倒を防ぐには、**サドルが低くなっているもの**がおすすめです。また、電動アシスト自転車は、**坂道や走り始めのふらつき防止**に役立ちます。ただし、一般的な自転車に比べて重いので、バランスを崩すと戻しにくいという点があります。**軽量で重心が低いもの**を選ぶといいでしょう。

カゴに荷物を入れすぎない

買い物の「足」として使われることが多い自転車。**重い荷物を前カゴ**に入れたり、**ハンドルにかけたりする**と、走行中に**バランスを崩しやすく**なります。

交通ルールを守る

自転車は車道を走るのが原則です。**車道では左側を通行**しましょう。歩道を走るのはあくまで例外。**歩行者優先で、車道寄りを徐行**します。**交差点での一時停止・安全確認**は必須です。**飲酒運転は禁止なので絶対にやめ、夜間はライト**をつけましょう。

さらに身を守るために

ヘルメットをかぶる

死亡事故の**6割は頭部のケガ**が原因です。頭を守って命も守りましょう。

反射器材をつける

夕暮れから夜は事故が発生しやすい時間帯。反射器材（反射板）をつけて存在をアピールしましょう。

自転車保険に入る

自分のケガと相手への賠償を補償します。義務化されている地域もありますが、そうでなくても入っておくと安心です。

乗車中の揺れや急ブレーキで転ぶことも

電車の乗り方

高齢者の電車事故で多いのが、認知症の人が線路内に立ち入ってしまう例。それ以外にも、乗車中の転倒などの事故があります。乗り慣れた電車だから、いつものルートだから大丈夫という油断は禁物です。

私の体験談

席は空いていたけれど頑張って立っていたら、急ブレーキで転倒した。(70代・女性)

私の体験談

電車に乗るとき、足を踏み外して電車とホームの隙間に落ちて捻挫した。(70代・男性)

駅や電車のここが危ない

カーブや急ブレーキで転倒

高齢者は足腰が弱いので、電車内で立っているときカーブや急ブレーキに**体がついていくことができず、転んでケガ**をすることがあります。

➡席に座る。つり革につかまる。

駅のエスカレーターを歩いて転倒

急いでいるとき、つい歩きたくなってしまうエスカレーターですが、**本来、歩いていいようには作られていません。**

➡歩かない。

ホームドアに寄りかかる

ホームドアを設置する駅が増えました。いろいろなタイプがありますが、柵やバー式のものは、**寄りかかると電車に接触する危険**があります。

➡寄りかからない。少し離れる。

電車とホームの間に落ちる

電車とホームの間がとても広い駅があります。全身が線路に落ちることはなくても、**踏み外して足がはさまり、ケガをする**ことがあります。

➡足元をよく見る。〝ながら歩き〟をしない。

線路に落とし物をする

乗り降りのタイミングで電車とホームの隙間に物を落とすことがあります。電車が去ったら自分で取ろうと思うかもしれませんが、**線路に下りるのは危険**です。

➡駅員を呼ぶ。

守ろう！電車のマナー

電車内でのマナー違反はトラブルのもとです。

席取りをしない

荷物や体で友だちの分まで席を確保したり、混んでいる電車で自分の隣に荷物を置いたりするのはルール違反。ひとり１席が基本です。

着信音は鳴らさない

携帯電話やスマートフォンの着信音は鳴らさずにマナーモードにしましょう。通話はせず、話したいときは一度電車を降りましょう。

降りる人が優先

電車に乗るときは、降りる人を優先しましょう。降りる人がいなくなるまで、入り口の横で待ちましょう。座りたいからと強引に乗ると、押し出されてケガすることも。

乗降時の段差や
走行中の揺れで
転倒の危険も

バスの乗り方

バスは身近な移動手段です。最近は運転免許証を返納した人が、日常生活の「足」として数十年ぶりにバスを利用することも多いようです。しかし、揺れが大きく、車内で転倒して大ケガにつながることも。乗車中の安全対策を伝授します。

私の体験談

バスの中で立っているとき、急ブレーキで横の人に倒れ込んでしまった。(70代・女性)

私の体験談

降りるとき、バスが止まる前に立ち上がり、止まった瞬間尻もちをついた。(80代・男性)

バスのここが危ない

バスは車体が大きく、重心が高いので揺れやすい乗り物です。

路線バスの事故でケガを負った人のうち、8割近くが60歳以上で、ケガの8割以上が骨折という調査結果があります。ケガをしやすいポイントをおさえましょう。

1 急ブレーキをかけたとき

バスの前を人や動物が横切ったときには、急ブレーキがかかります。乗客は予測不能なので、体をもっていかれます。

2 動き出すとき

バス停を出発するときや、信号が青になって動き出すときも大きく揺れるので、転倒の可能性大。

3 停車するとき

バス停に止まるとき、信号が赤で止まるときも予想以上に大きく揺れます。

4 乗り降りのとき

次のバス停で降りるために、走行中に立ち上がって転倒することがあります。急いで乗ろうとしてつまずくことも。

5 曲がるとき

カーブを曲がるとき、交差点や道路で右折・左折するときの転倒も多くなっています。

バスに安全に乗るために

走行中は席を立たない

バスが走っているときに立つのは危険です。降りるときは、バスが完全に止まってから席を立ちましょう。

座る、手すりやつり革を使う

席が空いていれば座りましょう。座れないときは、手すりやつり革にしっかりつかまってください。立っている場所より進行方向後ろ側の手すりにつかまると、倒れにくいです。

運転中の運転手に話しかけない

走行中に運転手さんに話しかけると事故のもと。急ブレーキがかかり、転倒する可能性があります。

バス停以外の場所で止めてと言わない

乗り過ごしたりして「ここで止めて！」と言うのはダメ。急ブレーキがかかり転倒事故につながります。

踏切内に閉じ込められてしまったら？

踏切の渡り方

「耳が遠くて警告音が聞こえにくい」「カートの車輪がひっかかった」など高齢者が踏切で事故にあう理由はさまざまです。踏切を安全に渡る方法や、万が一閉じ込められたときの対処法を紹介します。

カン
カン
どう
しよう
あっ
はさまった！
取れない！

事例

80 代の女性が歩行中に遮断機が下りて踏切内に取り残された。

事例

80 代の女性が押しているシルバーカーの車輪がレールと道路の隙間に落ち、歩けなくなった。

踏切のここが危ない

歩行者の場合

渡りきれない

加齢とともに**歩行スピードが落ちる**ので、渡りきるのに時間がかかります。また、幅が狭い踏切だと、**車とすれ違うときに歩くのをやめてしまう**こともあります。

遮断かんにはばまれる

踏切から脱出したいと思っても、**遮断かんが重くて持ち上げられなかったり、腰を曲げるのがつらくてくぐれなかったり**します。

転倒する

歩行者の**足や杖、シルバーカートの車輪がレールにひっかかり、転んでしまう**ことがあります。なかなか起き上がれずに危険です。

警報機が見えない・警報音が聞こえない

見えにくい位置にあったり、足元を見て歩くため**上方の警報機が見えていなかったり**して、踏切だと認識していないことがあります。**耳が遠くなっている**ので、警報音もよく聞こえません。

車の場合

警報機を見逃す

歩行の場合同様、警報機が**車内から見えにくい位置にあり**、警報がわからずに侵入することがあります。

無理な侵入

警報音が聞こえていても、遮断かんが下りかかっていても「**急いで渡れば大丈夫だろう**」と思って無理やり侵入する人がいます。

進退不可能

エンストや落輪、交通渋滞などによって踏切内から脱出できなくなることも多いです。

踏切を安全に渡るために

警報機が鳴ったら入らない

渡り慣れた踏切でよくあるのが「今ならまだ電車は来ない」と踏切内に侵入し事故にあうパターンです。自己判断は絶対にやめましょう。

足腰を鍛える

踏切内をスムーズに渡れるように、簡単なスクワットなどで運動機能をアップしましょう。

タイヤの太いシルバーカーを使う

細いタイヤはレールにはまりやすいので、踏切をよく渡る人は、なるべく太いものを使いましょう。

➡もし取り残されたら非常停止ボタンを押したり、大声で助けを呼びましょう。

庭先で刺されたり襲われたりすることも

危ない虫や動物

庭木の手入れをしているとき虫に刺されてひどくかぶれることがあります。また、気軽な気持ちで山菜採りに入った山でクマに襲われたりすることも。人を襲う虫や動物は、身近な場所にひそんでいます。

私の体験談

自宅の庭で足にゴミがついていると思ったらマダニだった。すぐに皮膚科に行った。(60代・男性)

私の体験談

靴を履こうとしたら足に激痛が走った。靴の中にいたセアカゴケグモにかまれたようだった。(70代・男性)

刺す！かむ！危険な生物

危険な生物は、自宅の庭や近所の公園などにいることも。高齢者は免疫力が低下しているので、刺されたりかまれたりすると重症化しやすいので注意しましょう。

スズメバチ

刺されると**強いアレルギー反応を起こし、死に至ることも**あります。特に**一度刺されたことがある人は要注意**です。個体や巣を見つけたら**絶対に近寄らない**ようにしましょう。黒いものや強いにおいに反応するといわれています。

家に巣ができたら、**駆除は専門家にまかせて**。決して自分でやってはいけません。

セアカゴケグモ

背中に赤い縦すじ、おなかに赤い模様がある外来種の毒グモで、かまれると針で刺されたような痛みを感じます。**重症になると胸やおなかの痛みや手足のけいれんが起きる**ことも。おとなしいので攻撃をしかけてくることはありませんが、触ったりするとかまれます。**見つけたら触らずに、殺虫剤で駆除**しましょう。

マムシ

体長50㎝ぐらいの夜行性のヘビで、かまれると歯のあとが2つつき、その部分が腫れてきます。**重症化すると筋肉がとけたり呼吸困難に陥り、死亡することも**。かまれたら、**傷口より心臓に近い部分を布でギュッとしばり**、毒がまわらないようにし、**すぐに医師の診察を受けましょう**。

蚊

蚊に刺されるのは夏の風物詩のようなものですが、近年話題なのは蚊が媒介する**デング熱**です。**急激に発熱し、発疹、関節痛、嘔吐などを引き起こします**。重症化するとデング出血熱やデングショック症候群を発症し、ときには死に至ることも。なるべく蚊に刺されないよう**夏でも長袖、長ズボンを着用**しましょう。

ヒアリ

毒をもつ攻撃性の高いアリで体長は2.5～6.0㎜ほど、赤茶色をしています。もともと日本にはいませんでしたが、平成29年5月以降、各地で発見されています。

刺されるとやけどのような激痛を感じ、ときに重度のアレルギー反応が起こることも。見つけても**決して素手で触ってはいけません**。

マダニ

人間や動物にかみつき、吸血する虫です。吸血前は2～3㎜、吸血後は1～2㎝に。かまれると**発熱や嘔吐、下痢などを引き起こす重症熱性血小板減少症候群（SFTS）を発症する**ことがあります。**草むらに入るときは、長袖、長ズボンを着用**し、マダニにかまれないようにしましょう。また、**ペットにくっついて家の中に入ってくることもある**ので気をつけましょう。

出合ったら危険な動物

クマ

攻撃能力の高い動物です。大声を出したり走って逃げると襲ってくることも。

サル

目が合うと口を開けて激しく威嚇します。近づくと襲ってくることがあります。

イノシシ

クマと並ぶ危険動物です。興奮すると突進したり、かみついたりします。

➡**遭遇したら、動物に背中を見せず、ゆっくりとその場を立ち去りましょう。**

あんしん
コラム

高齢者登山の危険性

低山でも遭難する可能性が高い

健康のために登山をする高齢者はたくさんいます。

山の遭難者の半数以上は高齢者です。しかも、標高１０００m以下の「低山」で遭難することが多く、命を落とすこともあります。

初心者は装備が不十分なことも多く、危険です。ベテラン登山家も高齢になれば、若い頃に比べ体力が低下していて、思うように動けないこともあります。

「低い山だから大丈夫」という過信が危険につながるのです。

遭難を防ぐために

- 入山前に家族や友人に行き先を知らせる。
- 雨具、ライト、非常食、携帯電話（予備バッテリーも）、地図などを用意する。
- 体力に合わせた行動を。決して無理はしないこと。
- 入山は２人以上で。互いに離れすぎず、声をかけあう。鈴や笛を携行しても。
- 斜面や坂道に注意。急斜面には近づかない。
- 道に迷ったらむやみに歩き回らず110番！

PART《パート》

3

災害から守る

いつ起こるかわからない大地震や
それにともなう災害、ゲリラ豪雨や
火山噴火などに備える方法を紹介します。

揺れてる！ そのとき どうすればいい？ その❶

家の中で地震が起きたら

日本は地震大国です。いつ、どこで大きな地震が発生するかはわかりません。いざというとき、どんな行動をとればよいのでしようか。命を守るためにできることを、地震に遭遇した場面別に紹介します。

私の体験談

リビングでテレビを見ているときに震度５の揺れがきた。テレビが倒れて壊れてしまった。（70 代・男性）

私の体験談

家の耐震補強をしたあとで震度５強の揺れがきたが、被害はなかった。リフォームしてよかった。（60 代・女性）

命を守る3ステップ

1 まず低く！

揺れを感じたり、緊急地震速報が出たら、安全な場所で姿勢を低くします。

2 頭を守り！

落下物から頭を守ります。テーブルの下に入ったり、ヘルメットの装着を。

3 動かない！

揺れがおさまるまでじっとその場に身をかがめ、動かないこと。

わが家の耐震診断

- □ 建築確認の通知書の発行日が1981（昭和56）年6月1日より前だ。
- □ 過去に大きな災害に見舞われたことがある。
- □ 増築を２回以上したことがある。増築時に壁や柱などを一部撤去したことがある。
- □ 老朽化している。白アリの被害などがある。
- □ 建物の平面の形がＬ字型やＴ字型などである。
- □ 一辺が４m以上の吹き抜けがある。
- □ 上の階の外壁の直下に下の階の内壁または外壁がない。

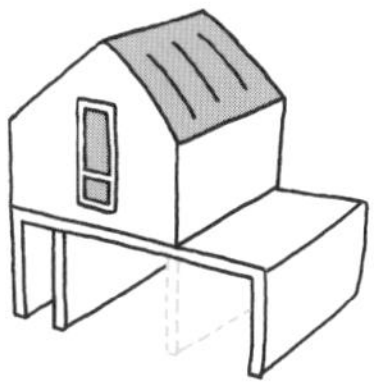

- □ １階外壁の東西南北に壁がまったくない面がある。
- □ 屋根の素材が重い瓦で、１階に壁が少ない。
- □ 建物の基礎がコンクリート以外である。

➡３つ以上に該当する場合は、専門家による耐震診断を受けましょう。

揺れてる！そのときどうすればいい？その❷

睡眠中・入浴中に地震が起きたら

地震はいつ起こるか予測がつかないので、とっさの行動が運命の分かれ道になることがあります。ふとんやベッドで寝ているときや入浴中など、無防備なときは、どう対処すればよいのでしょうか。

私の体験談

深夜、寝ているときに大きく揺れ、目覚まし時計が棚から落ちて割れた。（70代・女性）

私の体験談

湯船につかっているときに揺れたが、裸なのでどうしようもなかった。（80代・男性）

寝ているときに地震が起きたら

- 地震に気づいたら、すぐに**布団や枕で頭や体を守り**、揺れがおさまるのを待ちます。
- **寝ぼけて転倒**する事故が多いため、慌てて起き上がらないようにしましょう。

地震への備え

日ごろから安全な寝室に

家具や家電の下敷きになり、犠牲になる人が多くいます。**家具や家電は、倒れても頭や体を直撃しない位置に配置**しましょう。天井にぶら下がるタイプの照明は落下しやすいので、**直付式のシーリング照明に替える**といいでしょう。

寝室用避難セットを用意する

就寝中の寝室は暗いうえ、地震で停電が起こることも。**懐中電灯などの明かり**は必須アイテムです。また、避難するときに割れたガラスの破片などでケガをすることがあるので、**靴も用意**しましょう。倒れた家具を動かしたり、壊れたものをかたづけるための**軍手も必要**です。どれも**家族の人数分**あるといいでしょう。

入浴中に地震が起きたら

- 揺れがおさまったら、落ち着いて**ドアを開けて避難経路**を確保します。
- お風呂場の床はすべりやすいので、**姿勢はなるべく低く**して移動します。割れたガラスなどを踏み抜かないように注意を。

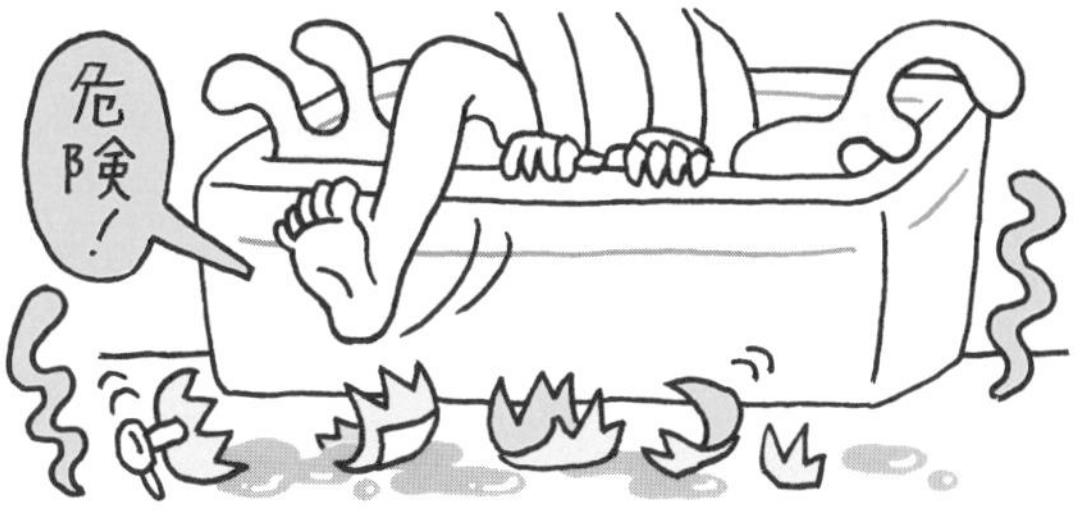

地震への備え

脱衣所に着替え一式をまとめておく

揺れがおさまったら避難しますが、このとき、バスタオルなどを巻いただけで避難するのは、割れたガラスでケガをすることもあり危険です。**脱衣所に着替え一式を用意**しておけば、パパッと着替えられます。

割れやすいものはなるべく置かない

裸なので、割れたものの破片でケガをしてしまうことがあります。鏡は仕方ありませんが、石けん置き、シャンプーボトルなどが陶器やガラス製だと、揺れで落下し、割れることも。**プラスチックなど、割れにくい素材**のものがおすすめです。

揺れてる！ そのとき どうすればいい？ その❸

買い物中に地震が起きたら

地震が起こるときに家にいるとはかぎりません。スーパーやコンビニ、デパートなど、いつもの買い物中に大きな地震が起きたときの対処法を伝授します。意外な場所に危険がひそんでいることがあるので、注意しましょう。

私の体験談

スーパーで夕飯の買い物をしているときに大きく揺れた。棚のものが落ちてきて怖かった。（70代・女性）

私の体験談

デパートにいるとき震度5の地震が起きた。10階にいたがエレベーターがしばらく止まって困った。（70代・女性）

スーパーやコンビニ、デパートで地震が起きたら

あわてて建物外に出ない

一つの出口に人が殺到すると、とても危険です。また、**急いで逃げようとして転倒**する恐れがあります。状況を確認しないまま外に飛び出すと、**落下物や割れたガラスの破片などでケガ**をすることもあるので注意しましょう。

コンビニでは割れ物のある棚から離れる

コンビニの棚は固定されていることが多いため、棚自体が倒れることはめったにありません。ただし、**ワインボトルなど割れ物が置いてある棚は商品が落下する恐れがあるため、注意が必要です**。商品棚は倒れにくいですが、レジ横にある**揚げ物のショーケースは倒れる可能性がある**ので、離れましょう。

揺れがおさまったら広い場所へ

落下物の危険がない場所に移動します。**エレベーターの前や階段の踊り場**など、比較的広い場所がいいでしょう。その後、**店員の指示**に従いましょう。

商品棚から離れて身をかがめる

商品が落ちてきたり、マネキンが倒れてくることがあります。スーパーで魚などが陳列されているワゴンケースは、固定されていない場合もあるため、揺れで横すべりするかもしれません。**商品棚や展示物からはすぐに離れて**身をかがめましょう。**バッグで頭を保護したり、スーパーのカゴをかぶって**もいいでしょう。

孫と一緒のときは手をつなぐ

子どもが驚いたり不安になったりして走り出し、ケガをしたり迷子になってしまったりすることも。**「大丈夫だよ」と声かけ**をして、**しっかり手をつなぎ**ましょう。

エレベーター、エスカレーターは使わない

大きな地震のあとは止まってしまうことがあります。もし動いていたとしても、乗っているときに余震が起きて急停止し、閉じ込められたりケガをしたりすることもあります。万が一、エレベーターに閉じ込められたら、まず**すべての階のボタンを押します**。停止した階で降り、避難しましょう。止まらない場合は、**非常ボタンや緊急用インターホンなどを使い、外部に連絡**をとります。

➡ふだんから店のレイアウトや非常口、非常階段の場所を確認しておきましょう。

揺れてる！　そのとき どうすればいい？　その❹

移動中に地震が起きたら

電車や地下鉄は、大地震が発生すると緊急停止をします。このときに転倒してケガをすることがあります。歩いているときは住宅街か、ビル街かによって、注意すべきポイントが変わります。

私の体験談

歩いているとき、めまいかと思ったら地震だった。民家のブロック塀が少し崩れた。（80代・男性）

私の体験談

電車に乗っているとき緊急地震速報が鳴り、急停止した。座っていたが、かなり体をもっていかれた。（70代・女性）

乗り物で地震が起きたら

頭を保護し、低い姿勢に

電車、地下鉄、バスなどに乗っていて地震にあったときの共通点は、**バッグなどで頭を保護し、低い姿勢をとる**ことです。急停車する場合があるので、ふだんから**つり革や手すりにつかまる**習慣をつけましょう。

みだりに外に出ない

揺れがおさまったら、**乗務員の指示**に従います。非常用コックを勝手に開けたり、窓や扉から外に出ないようにしましょう。特に地下鉄の路線によっては、線路に降りると**感電する恐れ**があるので危険です。

ホームの端から離れる

駅で電車を待っているときなら、**線路に落ちないように**、ホームの端から離れて**身をかがめ、頭を保護**します。駅の構内をむやみに移動せず、**駅員の指示**を待ちましょう。

車を運転中に地震が起きたら

減速して
左に寄せる

緊急地震速報を受信したり、揺れを感じた場合はあわてずに徐々に減速し、左側に寄せて停止します。**急ブレーキは事故のもと**です。高速道路でもゆっくり減速します。**橋やトンネルは回避**するのがベストです。橋やトンネルを走行中の場合は、早めに外に出ます。

ラジオで
情報を集める

ドライバーは周囲の状況を**目で見て確認することが大切**です。地震の情報収拾はSNSよりも、ラジオがおすすめです。

避難するときは
キーをつけたままで

その場にいるのが危険で、どうしても車を置いて立ち去らないといけないときは、窓を閉めてエンジンを切り、キーをつけたまま避難しましょう。災害時は緊急車両がひっきりなしに通ります。**警察や消防の方々が路肩の車を移動できるよう、キーをつけておく**必要があります。

街で地震が起きたら

割れた窓ガラスや
はがれた外壁に注意

ビルの窓ガラスが割れたり、外壁がはがれて落下したりすることがあるので、**頭をバッグなどで保護**し、建物から離れましょう。**店の看板やネオンサインにも注意**が必要です。

地下街なら
非常口を探す

地下街は停電すると真っ暗になります。**非常口は60mごとに設置**されているので、誘導灯を頼りに探しましょう。**一つの出入り口に人が殺到すると危険**です。落ち着いて行動しましょう。

住宅街も危険が
いっぱい

住宅の塀や電柱、自動販売機は倒れることがあるので離れましょう。**屋根瓦やベランダの植木鉢**が落下してくることもあるので、建物側に近寄らず、**バッグなどで頭を守りましょう。**

火災、ライフラインの
遮断、液状化現象

地震の二次災害に備える

地震発生後、それがもととなって起こる別の災害のことです。地震直後に起こることもあれば、時間差で起こることもあります。発生を未然に防いだり、被害を最小限にしたりするためには、どうすればよいのでしょうか。

私の体験談

冬場に大きく揺れて、石油ストーブが倒れた。火事にはならなかったが焦った。（70代・女性）

私の体験談

夜中の大きな地震のあと、停電して大変だった。（80代・男性）

地震のおもな二次災害と対策

余震（その後の地震）

一連の地震活動で、大きな地震（本震）のあとで発生する地震を余震といいます。本震で**半壊した建物が余震で全壊**したり、本震で**崩れかけていた崖が余震で崩れ落ちる**という二次被害が発生する可能性があります。

➡本震後、建物に被害があれば避難を。崖や山が崩れそうな場所には近づかないようにしましょう。

火災

発生率の高い二次災害です。地震の揺れで**暖房器具が転倒**。体に触れてやけどを負ったり火事になることがあります。

➡揺れを感じたら火の周りや可燃物に近づかないようにします。その後、揺れがおさまってから、火を消すようにすることが大切です。

土砂災害

地震によって**ダムが決壊**したり、**山が崩れ**たり、揺れのあとに**豪雨**があったりすると、土砂災害が起きるリスクが高まります。

➡住んでいる地域のハザードマップ（P112）を確認し、土砂災害の危険性と避難場所、避難経路を確認しましょう。危険な地域なら、地震後ただちに避難を。

通電火災

地震で**停電後、電気が復旧することで起こる火災**です。倒れたままになった電気ストーブに再通電し、接触していた可燃物に火がついたり、損傷したコードから出火したりします。無人になった家が火事になり、消火活動が遅れてあたり一面が火の海になることも。

➡停電中は電気機器のスイッチを切り、電源プラグをコンセントから抜きましょう。コードなどが破損していないかも確認します。避難のために家を空けるときは、ブレーカーを落としましょう。設定値以上の震度を感知すると自動的に電気の供給が止まる「感震ブレーカー」を導入しても。

ライフラインの遮断

大きな地震後は、**水道、電気、ガスが止まったり、道路や線路への被害で移動できなくなったり**することがあります。さらに、通信会社の基地局が被害を受けると**電話やインターネットも使えなくなる**のです。復旧に時間がかかることがあります。

➡ライフラインが止まっても3日間は暮らせるだけの水や食料、懐中電灯などを平時に用意しておきましょう。

地割れ・液状化現象

地割れは強い揺れで**地表に亀裂が入る**ことで、地盤が弱い場所や傾斜地で起こりやすいのが特徴です。地割れ部分につまずいて転倒したり、**大きな地割れに体や車ごと落ちてしまう**こともあります。液状化現象は、**地盤が液体のようになる**ことで、建物が沈んだり傾いたりします。**地下水につかったゆるい状態の砂が堆積している土地で起こりやすい**といわれています。

➡地割れは予測がつきません。小さな地割れを見つけたら、近づかないようにしましょう。液状化現象が起こりやすいのは、海岸や川の近く、埋立地です。こういった地域に住んでいる人は建築会社などに相談し、液状化対策の工事をするのもいいでしょう。液状化現象の危険度を示すハザードマップを出している市区町村もあるので、役所に聞いてみましょう。

つねに最悪を想定して動く！

津波が起こったら

津波はジェット機並みの速度で何度も襲ってきます。津波がくる可能性がある地域では、大きな揺れのあと、一刻も早く安全な場所へ逃げましょう。日ごろから避難場所や避難方法を確認しておくことが大切です。

事例

東日本大震災（平成 23 年）では地震発生から 3 分後の 14 時 49 分に津波警報（大津波）が発表された。海岸に達した津波の高さは福島県相馬で 9.3m 以上、岩手県宮古で 8.5m 以上を観測。陸地をかけあがった津波の高さ（遡上高）は 40.5m を観測した場所もある。

津波と波はどう違う？

海の壁が襲ってくるのが津波

海面付近の海水だけが移動するのがふつうの波、海底から海面まで海水全体が押し寄せてくるのが津波です。勢いが衰えず、連続して押し寄せてくるので、陸地では沿岸部以上の高さになります。

高さ50㎝でも危険

津波のエネルギーはとても大きく、**50㎝の高さでも、大人の男性は立っていられません**。津波が陸地から海岸に戻るときの**「引き波」はさらに大きな力がある**と言われています。

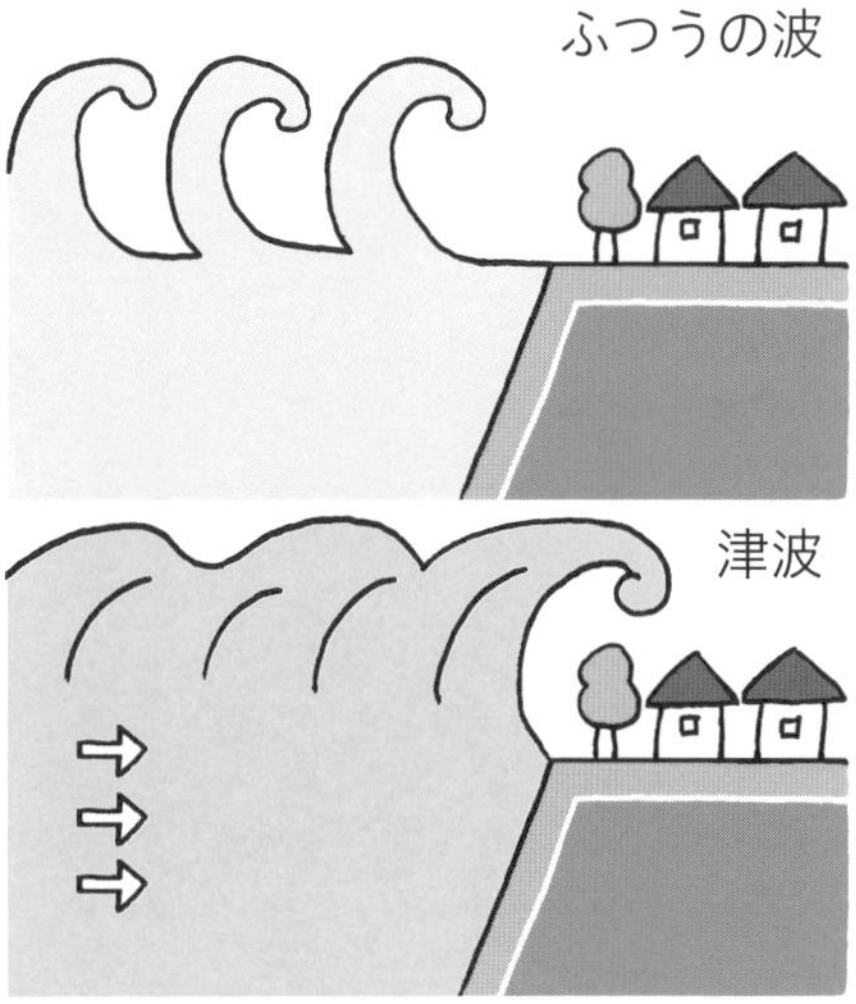

津波から身を守るには

強い揺れ、長い揺れを感じたらすぐに避難する

海岸近く、または海岸から少し離れていても標高の低い場所にいるときは、強い地震や長い時間の揺れを感じたらすぐに逃げましょう。**津波警報や津波注意報が発令される前に津波が到達することがあります**。

「より遠い場所」ではなく「より高い場所」へ逃げる

逃げるときは、高い場所を目指します。自動車は渋滞に巻き込まれる恐れがあるので、**原則は徒歩**です。どこに逃げたらいいかを瞬時に判断するためには、**日ごろから防災意識をもつ**ことが大切です。平時に、避難場所や避難経路を確認し、実際に歩いてみましょう。

警報や注意報が解除されるまで海岸に近づかない

津波はくり返し襲ってきます。第１波より、第２波、第３波のほうが大きいことも。第１波が小さかったから、と油断せずに、警報や注意報が解除されるまでは避難しましょう。

揺れが小さくても油断しない

体で感じる揺れが小さくても、地震の規模（マグニチュード）は大きく、津波が発生することがあります。特に**小さい揺れでも長時間続くときは要注意**です。すぐに逃げましょう。

冷静になる

焦ると適切な判断ができなくなったり、デマに踊らされたりします。**ラジオやテレビ、防災無線などから正しい情報を入手**し、冷静に行動しましょう。

毎年どこかで起こる大雨による被害

台風・集中豪雨に備える

全国各地で毎年のように台風や集中豪雨による災害が発生しています。しかし、天気予報により「いつ」「どこで」「どのくらいの規模で」やってくるのかがわかるのが地震と異なるところ。事前の対応ができる可能性がある災害といってもいいでしょう。

私の体験談

大雨が続き、裏山が崩れるかもしれないと思い避難した。結局崩れなかったが、安心して過ごせた。（80代・男性）

私の体験談

風がとても強い台風で家の2階の窓ガラスが割れた。隣の家は屋根瓦が吹き飛ばされた。（70代・男性）

台風・集中豪雨のここが危ない

強風で窓が割れる

台風は巨大な空気の渦巻きで、とても強い風が吹きます。風の強さは絶えず変わり、大気が不安定なときの**瞬間風速は平均風速の3倍以上になる**ことも。窓ガラスが割れる、自転車が飛ばされる、街路樹が倒れるなど、強風はさまざまな被害をもたらします。

川があふれる

台風による大雨や集中豪雨で、川の水位が大きくあがります。ときには**堤防から水があふれたり、堤防が決壊したりする**ことも。大量の水は一気に市街地へ流れ込み、道路が冠水したり家が浸水したりします。

家が浸水する

床より上に水がくると床上浸水、下なら床下浸水といいます。原因は**川があふれる**だけでなく、**下水管や雨水管の処理能力を超える雨の量が降ったとき**にも起こります。「都市型水害」といわれ、川から離れた場所でも起こります。

土砂災害が起こる

短時間にたくさんの雨が降ったり、いつまでも降り続いていたりするときには、**崖崩れや地すべり、土石流**などの土砂災害が起こりやすくなります。

台風・集中豪雨から身を守るために

窓ガラス対策をする

割れないように**ベニヤ板や飛散防止フィルム**を貼っておきましょう。台風通過時や強風のときは、**雨戸をしっかり閉め**てください。カーテンを閉め、**机やいすでカーテンがめくれないように固定**し、離れた場所にいるのもいいでしょう。

川の近くに行かない

大雨のときに川や用水路の様子を見に行くのは絶対にやめましょう。特に**夜は暗くて足元が見えず**、川などに転落するケースがあります。

崖に近づかない

土砂災害の危険がある場所には近づかないのが一番です。家の裏が崖だったりする場合は、なるべく**崖から離れた部屋で過ごす**ようにしてください。

庭やベランダを整理する

強風で物干し竿や植木鉢が飛び、窓ガラスが割れたり、**他人に当たってケガをさせたりしてしまう**ことがあります。**物干し竿は固定し、植木鉢など危ないものは室内にし**まって。水があふれないよう**側溝をすっきり**させるのも大切です。雨風が強まってから外に出るのは危険です。台風の予報が出たらすぐに行いましょう。

土のうを準備する

浸水に備えて、土のうを用意しておきましょう。ホームセンターで買えますし、自治体で用意している場合もあります。**1mあたり約5袋を並べ、2段積み上げるのが目安**です。すきまなく並べることで堤防の役割を果たします。

局地的に降る バケツをひっくり返したような大雨

ゲリラ豪雨にあったら

夏の午後に発生することが多いゲリラ豪雨。激しい雷をともなった集中豪雨の一種で、ときには浸水被害をもたらすこともあります。〝ゲリラ〟の名の通り、奇襲するので正確な予測が難しいのが現状です。

私の体験談

外出先で急にどしゃぶりの雨が降ってきた。雷も激しくなり、10分ぐらいで足元まで水がきた。（70代・女性）

私の体験談

車に乗っているときにゲリラ豪雨に襲われた。ワイパーをハイスピードにしても前が見えず怖かった。（70代・男性）

外出中の安全対策

外出中、どこにいるかで対応が変わります。気をつけたいポイントを紹介します。

屋外で

ゲリラ豪雨は**30分から1時間程度**でおさまります。外にいるときは、**安全な建物の中に一時的に避難**しましょう。コンビニやスーパー、デパートなどの商業施設、レストランなどの飲食店、公民館や図書館などの公共施設がおすすめです。川が氾濫しそう、冠水・浸水しそうというときは、**建物の２階以上**に避難します。ゲリラ豪雨の中をどうしても出かけないといけないときは、**傘よりフードつきのレインコート**が安全です。

地下で

地下街や地下鉄の駅構内、地下駐車場、ビルの地下など、地下施設はたくさんあります。地下は水が流れ込んでくる可能性があり、ゲリラ豪雨の雨量は非常に多いため、**水が流れ込んでからの避難では間に合わない**ことも。ゲリラ豪雨がきたらすぐに**地上に避難**しましょう。

川のそばで

川が増水した場合、**濁流にのみ込まれる**危険があります。川の近くにいるときは、**空が暗くなったらすぐに避難**しましょう。晴れていても、**遠くに雷鳴が聞こえたら**その場を離れ、建物などに避難します。「これくらいなら大丈夫」という油断が命を危険にさらします。ゲリラ豪雨の前兆を感じたらすぐに逃げましょう。

運転中の安全対策

車を運転しているときは歩行中とは別の危険がひそんでいます。

雨で前が見えなくなる

激しい雨のときは、ワイパーをいくら速く動かしても効果がなく、まったく前が見えなくなります。**周囲の状況がわからず、**とても危険です。また、タイヤと路面の間に水の膜ができ、**スリップしやすくなります。**

➡急ハンドル、急ブレーキを避け、**徐々に減速して車を路肩に止めます。**停車中はテールランプをつけ、ブレーキペダルを踏み、**ブレーキランプの光で後続車の追突を防ぎましょう。**

道路が冠水する

冠水した道を走行すると、**マフラーから水が入り、エンジンが停止してしまう**ことがあります。水が引いたあと、エンジンを再始動すると**感電する可能性**もあり、とても危険です。

➡**高架下やアンダーパス、川沿い**の道路は冠水しやすい場所。なるべく迂回しましょう。冠水しているところをやむをえず通る場合は、**スピードを落として走行**しましょう、ただし、マフラーがつかる水深であれば、迂回してください。内部まで水が入り、**エンジンが大破する恐れ**があります。

車から出られなくなる

冠水した道路で立ち往生すると、どんどん車内に浸水します。**浸水すると、水圧でドアが開かなくなります。**車種によって差はありますが、60～70㎝浸水すると、車が浮き始めるといわれています。

➡立ち往生しそうなときは、**窓を開けましょう。**開かないときは、**窓を割ります。**素手で割るのは難しいので、抜いたヘッドレストの金属部分やシートベルトのバックルなどを使いましょう。**サイドの窓の端が比較的割りやすい**です。

降っているときだけでなく、降ったあとも危険！

大雪に備える

日本は雪が降る街が多いことから、世界有数の雪国といわれています。数センチの積雪で交通がマヒするといわれる都市部だけでなく、豪雪地帯に住んでいる人も「慣れているから大丈夫」と油断せずに備えましょう。

私の体験談

外出中に雪が降ってきたが、普通の靴だったのですべってしまった。（80代・女性）

私の体験談

家の前の雪かきをしていて、腰を痛めてしまった。若い人に頼めばよかった。（70代・男性）

除雪中の事故に注意

雪にまつわる高齢者の事故は、除雪中によく起こります。

屋根からの転落
雪下ろし中にバランスを崩してすべって転倒・転落する事故です。

屋根からの落雪
軒下で除雪中、屋根からの落雪が直撃し、ケガしたり埋まったりします。

水路などへの転落
雪を水路に捨てているとき、転落します。発見が遅れ、死亡することも。

除雪機の事故
除雪機にひかれたり、詰まった雪を手で取り除いて大ケガすることも。

重労働による突然死
寒い屋外での重労働で心筋梗塞などを発症します。

事故にあわないために

1. 作業は家族や近所にも声をかけて２人以上で！
2. 転落時に地面に体を強打しないよう、建物の周りに雪を残して雪下ろし！
3. 晴れの日は雪がゆるんでいるので要注意！
4. はしごは忘れずに固定する！
5. 除雪機の雪詰まりを取り除くときは、巻き込まれないようにエンジンを切る！
6. 低い屋根でも油断は禁物！
7. 作業開始直後と疲れた頃は慎重になる！
8. 命綱とヘルメットは絶対に装着する！
9. 除雪に使う道具はこまめに手入れ・点検する！
10. 作業するときは携帯電話を持っていく！

内閣府・国土交通省「よくある除雪作業中の事故とその対策」より

歩行中の事故に注意

積雪や路面凍結で転倒する事故もよく発生します。すべりやすい場所を確認しましょう。

横断歩道の白線の上
白いので凍結しているのがよく見えません。

バスやタクシーの乗り場
雪が踏み固められてすべりやすくなっています。

坂道
下りのほうがすべって転びやすいので要注意。

車の出入りする歩道
駐車場やガソリンスタンドの出入口は、車のタイヤで路面の氷が磨かれ、特にツルツルしています。

安全に歩くために

小さな歩幅のペンギン歩き
歩幅を小さくし、ペンギンのようにちょこちょこ歩きましょう。体の重心をやや前にし、靴裏全面を路面につけるイメージで。靴はすべりにくい底のものを選んでください。

手をポケットに入れない
手をポケットに入れるとバランスがとりにくいうえに、転倒時にうまく受け身がとれません。手袋や帽子は転倒時に手や頭を保護してくれるので、身につけたほうがいいでしょう。

晴れていた空が突然真っ暗に！

雷・竜巻・突風にあったら

ゲリラ豪雨と同じく、夏によくある気象現象です。雷や竜巻・突風などの死傷事故は、毎年少なからず起こっています。外出先で遭遇するのはもちろん危険ですが、竜巻や突風は建物にも被害が出るので注意しましょう。

私の体験談

近所に落雷があって、しばらく停電した。（80代・男性）

私の体験談

空が暗くなって雹が降ってきたと思ったら、突風が吹き、窓ガラスが割れた。（70代・女性）

雷から身を守るには

雷は平地、山地、海など、どこにでも落ちます。
外出先で雷が鳴ったら、どうすればいいのでしょうか。

安全な場所に避難する

雷鳴が聞こえたら、できるだけ早く安全な場所に避難しましょう。**しっかりとした建物の中、自動車（オープンカー以外）、バス、列車**は安全です。

雷鳴から30分後に外に出る

最後に雷が鳴ってから30分経てば、安全といえます。しかし別の雷雲が接近している可能性もあるので、**天気予報などを確認**しましょう。

逃げ場がないときの対処法

山や野原などでは木から離れて「**雷しゃがみ**」をしましょう。地面にしゃがみ、頭を下にかがめ、両手で耳をふさぎます。両足のかかとをくっつけてつま先立ちをします。こうすることで、地面に落ちた電気の侵入を最小限にできます。**地面に落ちた電気に感電する**ので、寝転がるのは危険です。

竜巻から身を守るには

雲の底から地上まで漏斗《ろうと》状の雲があれば竜巻です。
間近に迫ったらすぐに安全な場所に移動しましょう。

屋外では

- 頑丈な建物の中に入る、物陰に隠れて両腕で頭と首を守る
- 側溝や窪地などでうずくまる
- 電柱や木のそばに近寄らない
- 物置やプレハブ小屋には入らない

屋内では

- 雨戸、窓、カーテンを閉める
- 窓やガラスのある場所から離れる
- 地下室がある場合は地下に、ない場合は１階に移動する
- 低い姿勢をとり、両腕で頭と首を守る
- ビルではエレベーターを使わない

突風・強風から身を守るには

台風以外でも風が強い日があります。その場合はどうするのがいいのでしょうか。

できるだけ外出しない

足腰が弱く、体重も軽い高齢者は風に**体をもっていかれる**危険があります。不要不急の外出はしないにかぎります。

外出中は建物内に避難を

出かけているときに風が強くなることも。危険を感じたら、**建物内に避難**し、風がおさまるのを待ちましょう。

日本は１００以上の活火山がある

噴火に備える

噴火した記録のある火山や、今後噴火する可能性がある火山を活火山といいます。日本は現在１１１の活火山がある火山国家です。噴火予知は研究が進んでいますが、予知が難しいタイプもあり注意が必要です。

事例

平成26年9月27日、長野県と岐阜県の県境に位置する御嶽山が噴火。火口付近にいた58名が死亡。

事例

平成2年11月17日、長崎県雲仙の普賢岳が198年ぶりに噴火活動を再開。翌3年6月3日の火砕流で死者40名、行方不明者3名、負傷者9名の被害。

噴火のここが危ない

噴石

火口から噴き出てくる岩石です。大きな噴石は風に流されると10km以上飛ぶこともあります。**建物や人体に直撃すると大変**です。

火山灰

火口から数百kmも飛散することがあり、広範囲に影響を及ぼします。**人体や農作物への被害**のほか、**交通がマヒ**することも。

溶岩流

火口から噴出したマグマが冷えて固まらずに地表に出たものです。温度は1000℃を超えるため、**火災や建物破壊**が生じます。

火砕流

数百℃の岩石やガス、灰などが時速数十km～数百kmで山の斜面を流れます。**通過したエリアは消失、埋没**します。

火山泥流

噴石や火山灰が堆積した場所に大雨が降り、周辺の土砂を巻き込みながら高速で流れます。**広範囲に災害**をもたらす可能性があります。

火山ガス

火山では、噴火がなくても、二酸化炭素、二酸化硫黄、硫化水素が噴き出すことがあります。過去には**中毒死**の事例もあるので要注意。

噴火警戒レベルを知る

噴火警戒レベル		火山の活動状況	住民らの行動	登山者への対応
レベル1	活火山であることに留意	静穏	通常の生活	特になし
レベル2	火口周辺規制	火口周辺に影響	通常の生活	火口周辺の立ち入り規制
レベル3	入山規制	居住地域近くまで重大な影響	今後の火山活動に注意	入山禁止
レベル4	避難準備	居住地域に重大な被害の可能性	避難準備	入山禁止
レベル5	避難	居住地域に重大な被害	避難	入山禁止

気象庁が発表した火山活動のレベルと防災機関、住民、登山者がとるべき行動です。身を守るには情報に敏感になることが大切です。高齢者はなるべく早く行動しましょう。

火山灰対策

家の中に入れない

ドアのすきまや通気口に濡れタオルを置いたり、窓の端にテープを貼って灰の侵入を防ぎます。

目を守る

角膜が傷つく恐れがあるので、コンタクトレンズは外します。ゴーグルがあれば装着しましょう。

マスクをする

灰を吸い込むとのどが痛くなったり呼吸器に悪影響を及ぼしたりします。防塵効果の高いものがおすすめ。

災害時に危険な場所や避難場所がわかる
ハザードマップを確認する

津波、地震、水害など自然災害による被害を予測し、危険度や避難場所などを示した地図がハザードマップで、国や地方自治体が作成しています。災害への備えや、避難に役立てることができるので、住んでいる地域のマップをぜひ活用しましょう。

うちも区域内に入ってるな
避難場所はどこかしら
ハザードマップ

私の体験談

雨で近所の川が氾濫しそうになり避難することに。事前に危険度を確認していたので、安全な道を通って行けた。（60代・男性）

私の体験談

自宅が水害の危険があることがわかったので、家族と避難方法やどこに逃げるかについて話し合った。（70代・女性）

おもなハザードマップの種類

洪水
台風や大雨などで**河川が氾濫**したときに、浸水が想定される地域や水深、避難場所や避難経路を示しています。

内水
河川の氾濫ではなく、**下水道や排水路、側溝などの水**があふれたときの浸水域、水深、避難場所、経路を示しています。

土砂災害
台風や豪雨で**土石流や地すべり、崖くずれ**などが発生する可能性がある場所と、影響が及ぶ地域を示しています。

震度被害
想定した規模（マグニチュード）の地震が起きたとき、**どれくらい揺れるか**（震度）を示しています。

地盤被害
想定した規模の地震が起きたときの揺れやすさや**液状化の可能性**を示しています。

津波
津波が**陸に押し寄せてきたときの浸水域や水深**、避難場所を示しています。

高潮
台風などで**海水が堤防を越えて浸水する地域や水深**、避難場所や避難経路を示しています。

火山
火山活動が活発になったとき、**火山灰や噴石の影響がある地域、火砕流の危険がある地域**、避難場所や避難経路を示しています。

※ハザードマップは自治体により内容が異なります。
また個人や企業が独自で作成しているものもあります。

ハザードマップを活用する

ステップ1 入手する

欲しい種類のハザードマップを手に入れます。紙のマップを配布している自治体もありますし、国土交通省や国土地理院、各自治体のホームページでも見ることができます。更新することがあるので、最新の情報かどうか定期的に確認しましょう。

ステップ2 被害予測を確認する

自宅に○をつけ、被害があるかどうかを確認します。自宅以外にも、勤務先や学校など、自分や家族が関係する場所も確認しましょう。

ステップ3 避難先と経路を確認する

災害の種類に応じて、最も安全な避難先、避難経路を確認します。避難は基本的に徒歩です。いつも見慣れた風景でも、災害時には一変するかもしれません。避難先までの道のりを想像し、高齢者の足で行ける場所かどうかなど、さまざまなリスクを考慮します。平時に実際歩いて確認することも大切です。

自分たちに本当に必要なものをそろえる

非常用持ち出し袋を用意する

いざというときに持ち出す防災用バッグ。用意しておくのは大切ですが、本当に必要な中身を備えていますか？　必要なものは人によって違うので、マニュアルに頼らず、自分の頭で考えて中身をそろえましょう。

私の体験談

持病があるのに薬を持っていくのを忘れて大変だった。（80代・男性）

私の体験談

懐中電灯を入れていたが、古すぎて乾電池がさびて使えなかった。（70代・女性）

使うシーンを想定して備える

避難時の持ち物を用意するとき、つい「あれもこれも」と考えてしまいますが、避難は緊急事態なので、身軽なほうが動きやすく安全です。
必要最低限の「あなたにとって必要なもの」だけを準備しましょう。

非常用持ち出し袋

避難先で**1～2日乗り切るため**の荷物を入れます。両手が空くように**リュック**がいいでしょう。

チェック表

- □ 衣類（1日分）
- □ 食料（1日分）
- □ 水（1日分）
- □ 充電器
- □ 乾電池
- □ 懐中電灯
- □ 歯ブラシ
- □ 杖
- □ ひざ掛け

上記以外で必要なものを
書きましょう

みんなはどうしてる？

- 緊急時にすぐに助けを求められるように笛を必需品バッグに入れました。
- 見えなくなると困るので老眼鏡のスペアを入れています。
- 入れ歯のスペアは必須です。
- 行方不明になったときに探してもらえるように、家族写真を入れています。

必需品バッグ

ふだん使いの延長で、すぐに使うものを**両手が空く斜めがけバッグ**に入れましょう。

チェック表

- □ 財布
- □ 携帯電話
- □ 身分証
- □ 常備薬
- □ お薬手帳

上記以外で必要なものを
書きましょう

非常用持ち出し袋のここが大切

玄関に置く

避難するときにすぐに持ち出せるよう、玄関に置いておきましょう。寝るときは寝室に移動しても。必需品バッグは、外出時には肌身離さず携帯してもいいぐらいです。

季節に合った衣類

避難先で電気が通らないことも考えられるので、防暑・防寒対策は大切です。夏と冬の年２回中身を確認し、衣類を入れ替えましょう。冬場はひざ掛けを多めに入れても。

食べやすい食料

避難先では自由に調理するのは難しいものです。温めずに食べられるレトルト食品などを用意しましょう。賞味期限切れに注意して。

高齢者は特に早め早めに行動を

避難場所に避難する

高齢者は移動に時間がかかったり、ひとりで移動するのが難しかったりする場合があります。平時には、避難先や避難経路を確認するだけでなく、避難の手段（誰と、どうやって）も話し合っておきましょう。

私の体験談

大雨が降ったとき、明るいうちに避難した。暗くなってから、川が氾濫したので早く避難してよかった。（70代・女性）

私の体験談

台風のとき、足が悪いので、避難所まで行くのが不安だった。近所の若い人に手伝ってもらって避難できた。（80代・男性）

避難する？見極めポイント

建物倒壊の可能性

倒壊の恐れがあるなど、**自宅の建物に致命的な被害がある場合はすぐに避難**しましょう。

津波や土砂災害のリスク

ハザードマップ（P112）で確認したことがここで活きます。**リスクが少しでもある場合は避難**を。

火災の可能性

地震などにより、自宅や近所に火災は発生していないか、発生した場合も自力で消火できるかがポイントです。**延焼が広がりそうならすぐに避難**を。

避難指示があるか

避難指示は「災害対策基本法」に基づき、市区町村長が発令します。**指示が出たら、建物に外傷がなくても、火事や津波のリスクがなくても必ず避難**しましょう。

風水害の避難の目安は警戒レベルで

警戒レベル	状況	行動を促す情報	住民がとるべき行動
警戒レベル1	今後気象状況 悪化の恐れ	早期注意情報 （気象庁が発表）	災害への心構えを高める
警戒レベル2	気象状況悪化	大雨・洪水・高潮注意報 （気象庁が発表）	自らの避難経路等を確認
警戒レベル3	災害の恐れあり	高齢者等避難	危険な場所から 高齢者は避難
警戒レベル4	災害の恐れ高い	避難指示	危険な場所から 全員避難
⬆ 警戒レベル4では全員必ず避難 ⬆			
警戒レベル5	災害発生または切迫	緊急安全確保	命の危険 ただちに安全確保！

※市区町村が災害の状況を確実に把握できるものではない等の理由から、警戒レベル5は必ず発令されるものではない。

災害時は情報に敏感になる

避難指示などが発令されると、防災無線や広報車、テレビ、ラジオ、インターネットで住民に伝えられます。聞き逃さないように、情報に敏感になりましょう。

高齢者はレベル3で避難を

レベル4ではすべての住民が避難する必要がありますが、高齢者や障害者はレベル3で避難を始めましょう。避難先への移動に時間がかかることがあるので、早めに行動を。

長引く可能性も！
なるべく快適に
過ごすために

避難所での過ごし方

危険から身を守ることができる一方、避難所は高齢者にとって不便なことも多くあります。災害の状況によっては、すぐに自宅に帰れないことも考えられます。健康面に配慮した快適な避難所生活に必要なポイントを紹介します。

私の体験談

咳がなかなか止まらないと思ったら肺炎になりかかっていた。（70代・女性）

私の体験談

その場でじっとしていることが多くなったので、明らかに体力が低下した。（80代・男性）

避難所で気をつけたい病気

感染症

高齢者は免疫力が弱く、感染症にかかるリスクが高まります。避難所は集団生活のうえ、**衛生環境を十分に保つのが難しく**、爆発的に広まってしまうこともあります。感染症に**ならない、うつさない**ことが大切です。

➡感染症の多くは手から感染します。手洗いやアルコール、除菌シートで**手をきれいに**しましょう。また、手づかみで食べずに**箸やラップ**を使います。
また、食中毒を防ぐために、封を開けてから**時間の経った食品は食べない**ようにしましょう。

肺炎

細菌やウイルスに感染して起こる肺炎のほかに、飲み込む力が衰えることで起こる誤嚥性肺炎（P 71）があります。どちらも高齢者がかかると、**命を落とす**ことがあります。

➡P71で紹介した方法を実践しましょう。避難所で特に行いたいのが、**口腔ケア**です。コップの1/3ぐらいまで水を入れて歯ブラシをぬらし、磨く→ティッシュで歯ブラシの汚れを拭くをくり返します。最後にコップの水で２～３回口をすすぎます。災害時は水が不足しがちですが、この方法なら少量の水で行えます。**汚れた入れ歯も肺炎リスク**を高めるので清潔に。

エコノミークラス症候群

長時間同じ姿勢でいることで足に血のかたまり（血栓）ができ、それが**肺の動脈をふさいでしまう**病気です。ときに命にかかわることもあります。避難所だけでなく、車内で避難している人も注意が必要です。

➡座りっぱなしはいけません。歩いたりストレッチをして、**少しでも体を動かしましょう**。足の指でグーパーする、足首をまわす、ふくらはぎをもむのも効果的です。また、**こまめに水分をとる**と血栓ができにくくなります。

避難所で大切な心の交流

避難所では知らない人との共同生活になるので、ストレスを感じることも。お互いにマナーやルールを守って過ごしましょう。

お互いさまの気持ち

不特定多数の人が集う避難所ですが、声をかけあって**できる限り役割分担**をしましょう。「お互いさま」の精神で**被災者同士が助け合う**ことで、避難生活が快適になります。

プライバシーに配慮

もとは別々に生活をしていた人たちですから、寝る時間ひとつとっても違います。お互いの**生活スタイルを尊重**し、プライバシーに配慮して過ごしましょう。

自分も家族も家も無事なときの選択肢

在宅のまま避難する

災害が起きたとき、自宅の建物や環境に危険が及ばない場合は「在宅避難」という選択肢もあります。

また、自家用車や、庭にテントを張って避難する方法もあります。

私の体験談

大勢の人が集まると感染症のリスクが怖く、自宅にいた。（70 代・女性）

私の体験談

いったん避難所に行ったが、人であふれていたので帰ってきた。（60 代・男性）

避難所か在宅かの選択

	避難所	在宅
メリット ○	○建物が丈夫で安全 ○周囲に人がいて安心 ○食料や水の配給がある	○落ち着いて過ごせる ○感染症のリスク減 ○防犯上有利
デメリット ×	×共同生活のストレス ×感染症のリスク増 ×自宅を不在にする不安	×食料や水の確保が必要 ×支援情報が入りにくい ×次の災害への不安

➡建物や周辺環境に危険がないときは、在宅避難がベター

その他の避難方法

車中避難　自家用車の中で過ごします。
軒先避難　室内が危険なとき、庭や軒先にテントを張って生活をします。
ホテル避難　被災していないホテルや旅館が生活場所を提供してくれることも。

在宅避難に備える

ライフラインが止まったり、買い物ができなくなることに備えて、
食料品や生活用品を備蓄しましょう。

日常備蓄を習慣づける

特別なものを買わなくても、いつものものを**少し多めに**備えるだけでも立派な備蓄です。**消費期限がきたら使えばいい**ので、無理せずできます。

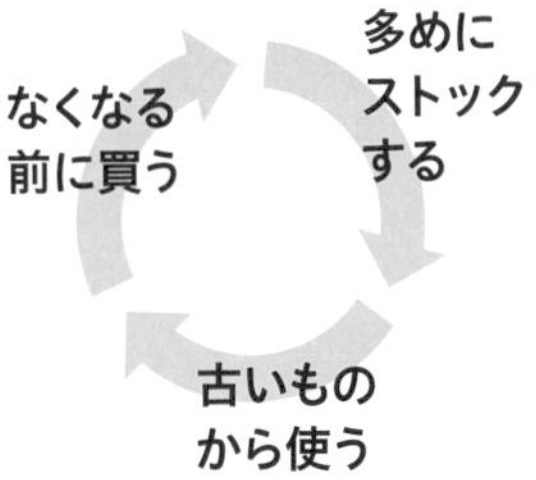

最低3日分の食料を用意する

季節によって食べたいものは変わります。主食以外に、**タンパク質が摂れるものやビタミンが摂れる野菜ジュース**も便利です。温かいものが食べられるように、**カセットコンロ**を用意したり、発熱剤入りの非常食もおすすめです。

例　水（ペットボトル）、主食（無洗米、パスタ、即席麺など）、主菜（肉や魚の缶詰、レトルト食品など）、お菓子、野菜ジュース、経口補水液など。

使うものが決まっているアイテムは特に多めに

化粧品や薬など、特定の商品を使っていると切れたら困るので、特に多めに用意しましょう。トイレは水を流せなくなる可能性も。**簡易トイレ**がおすすめです。

例　ラップ、ポリ袋、ティッシュ、トイレットペーパー、除菌アイテム、カイロ、乾電池、常備薬、入れ歯洗浄剤、化粧品、携帯用トイレなど。

高齢者は災害後は心身ともに衰弱してしまう

災害関連死を防ぐ

災害時に負ったケガの悪化や、避難生活などの精神的・身体的負担で病気になり、死亡することを災害関連死といいます。東日本大震災（平成23年）の災害関連死は、9割近くが高齢者です。防ぐためにはどうすればいいのでしょうか。

私の体験談

長時間の車中避難でエコノミー症候群になった。（70代・男性）

私の体験談

自宅にいたが、余震が怖くて食欲がわかず、脱水症状で倒れた。（60代・女性）

災害関連死の８割以上は高齢者

東日本大震災における災害関連死者数

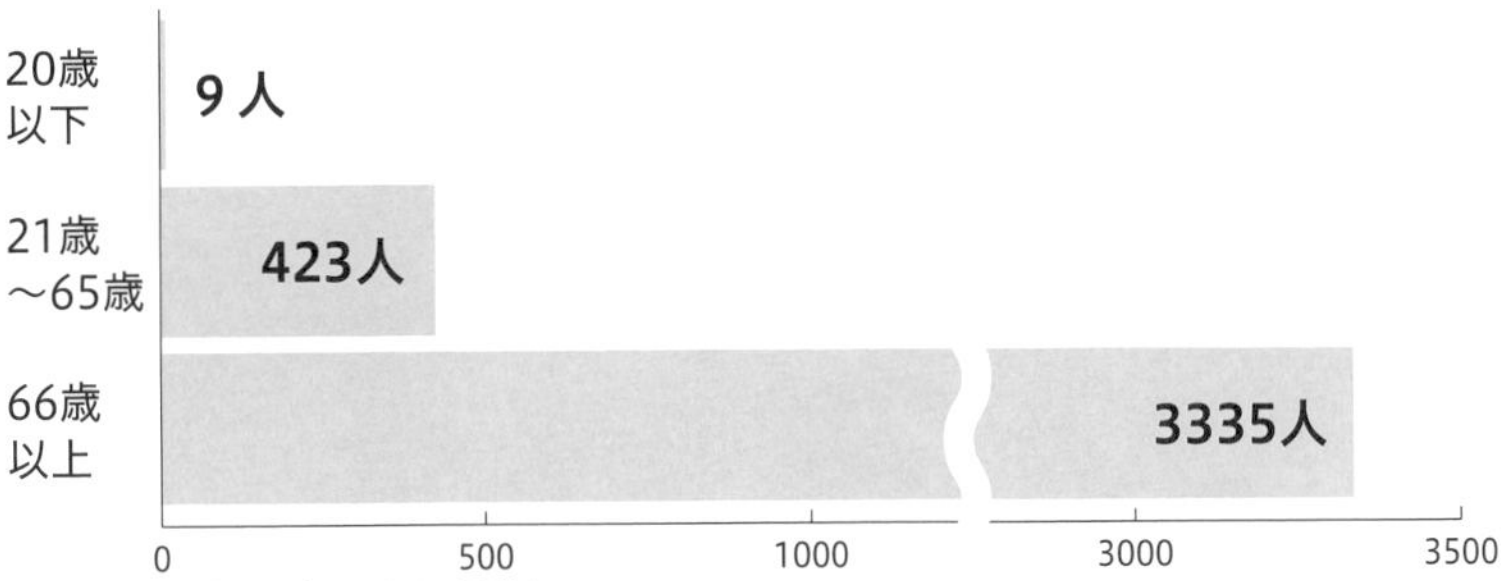

復興庁調べ。令和２年９月30日現在

左のグラフは東日本大震災のものですが、熊本地震（平成28年）の災害関連死も８割が高齢者という調査結果が出ています。長引く避難所生活で、病気を発症したり、持病が悪化したりするのが原因です。

突然死を防ぐためにできること

災害関連死の原因で多いものに心不全やエコノミー症候群など、循環器系の病気があります。これらは突然死に至ることも。発症を防ぐ方法を紹介します。

1 質のよい睡眠

災害時こそ睡眠が大切です。不安やストレスで眠れないかもしれませんが、**アイマスクや耳栓**を使用して、よい睡眠をとりましょう。

2 適度な運動

1日20分ぐらいの歩行を心がけましょう。座りっぱなし、立ちっぱなしはエコノミー症候群のもとです。

3 水分補給

食欲が減少したり、汚いトイレに行きたくなくて水分をとらなくなることも。水分不足は**血が固まりやすくなり、心筋梗塞などを招く**ことも。しっかり水分をとりましょう。

4 食事は減塩

避難所の食事はあまり選べたりしませんが、**なるべく減塩**を心がけてください。野菜を食べないとカリウム不足になるので、**野菜ジュース**を飲みましょう。

5 体重の増減は2kg以内

2kg以上やせたら**脱水症状や栄養不足**、2kg以上太ったらカロリー過多のほか、**心不全や慢性腎臓病の悪化**が考えられます。

6 感染症予防

P119でも紹介したように、集団生活では感染症が蔓延しやすいもの。**手洗いやアルコール除菌、マスクの着用**を。

7 薬の服用は継続

持病の薬は必ず飲みましょう。持ち出せなかった、切れてしまったときのために、**お薬手帳**は必須です。

8 血圧の管理

災害時に循環器の病気が起こる**引き金のひとつが高血圧**です。収縮期血圧が140mmHg以上なら医師の診察が必要です。

9 禁煙

喫煙すると**血圧が上昇し、血液が固まりやすく**なり、脳卒中や心筋梗塞を引き起こします。すっぱり禁煙しましょう。

ウソの情報は信じない、広めない

災害デマにおどらされない

災害時には、必ずといっていいほどデマが流れます。近年はインターネット上であっという間に拡散され、ウソだとわかったあとでも広まりつづけることも。デマを信じない、広めないためには真実を見極める必要があります。

私の体験談

大きな地震のとき「動物園からシマウマが逃げた」という情報があったので、友達にメールしたがウソだった。（70 代・女性）

私の体験談

大きい地震があったあと「明日の 10 時に大きな余震が来る」とネットで見たので、家族に知らせたが、余震はなかった。（80 代・男性）

過去に拡散されたデマの事例

東日本大震災
（平成23年）
製油所で火災が起き「有害物質を含んだ雨が降るので注意」というメールが出回った。

熊本地震
（平成28年）
動物園からライオンが逃げたというデマがSNSで拡散。投稿者はのちに逮捕された。

大阪府北部地震
（令和元年）
箕面市全域で断水、阪急電車が脱線、外国人窃盗団が出た、など複数のデマが拡散された。

デマの３大要因

不安 何が起きているのかわからないという気持ち。

怒り 事態がいつおさまるのかという気持ち。

善意 少しでも誰かの役に立ちたいという気持ち。

SNSであっという間に拡散される！

正しい情報を収集する

発信元を確認する

信頼できる発信元かどうかを確認しましょう。**政府や都道府県庁、市区町村の役場、新聞社、テレビ局、ラジオ局、気象庁、気象情報会社**が発信するものは信頼できる情報です。**インターネットの情報はすべてが正しいわけではない**ので注意しましょう。

むやみに情報を広めない

善意があるからこそ広めたくなる気持ちはわかります。「**流言は智者に止《とど》まる**」ということわざがあります。「愚かな人はうわさ話を広めるが、賢い人はうわさ話を意に介さないから風評がそこで止まる」という意味です。**災害時こそ智者になり、広めたくなる気持ちをおさえましょう。**

強調表現
例 非常に、かなり、すごく、絶対、必ず

不安をあおる
例 危険な、悪質な、大変な

急がせる
例 即、大至急

伝聞形式
例 ～らしい、～だそうです、～みたい

拡散をすすめる
例 知り合いに共有してください

内容が具体的すぎる
例 ○月○日○時○○分に○○地方で大地震が起きる

あんしんコラム

災害時のスマホ活用法

家族や知人と連絡をとる

　災害時は電話がつながりにくくなる可能性が高いです。家族が無事かどうか、どこにいるかなど、連絡をとりたくてもつながらず、心配がつのります。そうならないために、平時に家族と話し合いをしましょう。災害が起こったらどこで落ち合うか、連絡方法はどうするかなどを決めておくと落ち着いて行動ができます。

　電話がつながらなくても、メールやSNS、LINEならつなが

災害用伝言ダイヤルの使い方

1　171に電話する

災害発生時に状況に応じてNTTが設定し、テレビやラジオ、NTTのホームページで通知されます。加入電話、INSネット、公衆電話、ひかり電話、災害時用公衆電話（特設公衆電話）からかけられます。携帯電話やPHSからも利用できますが、あらかじめ各通信事業者に問い合わせましょう。

2　録音、または再生する

自分の声を録音したいときは「**1**」を押します。録音されたメッセージを再生したいときは「**2**」を押します。

3　電話番号を入力する

ガイダンスに従い、電話番号を入力します。録音したい人は自分の番号を、再生したい人は録音した相手の電話番号を入力します。

※1回あたり30秒以内の録音ができます。
※災害用伝言ダイヤル運用期間終了まで保存されます。
※NTT東日本・NTT西日本の電話サービスから伝言の録音・再生をする場合の通話料は無料です。ほかの通信事業者の電話、携帯電話やPHSから発信する場合、各通信事業者にお問い合わせください。伝言録音等のセンター利用料は無料です。
※避難所等に設置する災害時用公衆電話からのご利用は無料となります。
※暗証番号のご利用により、他人に聞かれたくない伝言など特定の方々の間での伝言録音・再生も利用できます。

事前に練習を

いざ災害時となると、落ち着いて操作をするのが難しいことも。体験日をもうけているので、家族といっしょに練習しましょう。

体験日

・毎月1日、15日00:00 ～ 24:00
・正月三が日
（1月1日00:00～1月3日24:00）
・防災週間（8月30日9:00～9月5日17:00）
・防災とボランティア週間
（1月15日9:00～1月21日17:00）

りやすいという声もあるので参考にしてください。
　災害時の連絡手段として、災害用伝言ダイヤルも有効です。自分の声を録音したり、相手の録音した声を聞くことができます。

正しい情報を入手する

124ページでもお話ししましたが、災害時はデマが流れがちです。ウソの情報にだまされないためには、信頼のおける情報源を確保しておきましょう。
　スマホに防災関連のアプリを入れたり、SNSで信頼がおける機関をフォローしたりしておくと、新しい情報を入手できます。

入れておくと役立つアプリ

Yahoo! 防災速報
地震、津波、豪雨などさまざまな災害に対応。避難情報やハザードマップも確認可能。

NHKニュース・防災
災害の詳細な情報や警報、注意報、地震速報などあらゆる情報を入手できる。ライブ映像にも対応。

特務機関NERV防災
地震、津波、噴火などの情報を国内最速レベルで配信。必要最低限の機能なのでシンプルで見やすい。

防災情報
全国避難所ガイド
最寄りの避難所を探すときに便利。電波がつながりにくくても確認できる。

ウェザーニュース
雨雲や台風の動きだけでなく、地震や津波、大雪、火山噴火の防災・災害情報も。

Radiko（ラジコ）
ラジオが聞けるアプリ。災害時は通常放送だけでなく、災害情報も聞ける。

※これらのアプリはダウンロードは無料ですが、一部の情報提供は有料のものもあります。
※自分が住んでいる地域が情報提供の対象になっているかを確認してください。

フォローしておくと役立つTwitterアカウント

内閣府防災（@CAO_BOUSAI）
首相官邸（災害・危機管理情報）（@Kantei_Saigai）
総務省消防庁（@FDMA_JAPAN）
国土交通省（@MLIT_JAPAN）
東京都防災（@tokyo_bousai）
NHK生活・防災（@nhk_seikatsu）
ウェザーニュース（@wni_jp）

※Twitterライフラインの公式アカウント（@TwitterLifeline）の都道府県別災害時に役立つアカウントリストを保存しておけば、災害時、住んでいる地域の災害情報・緊急情報を知ることができます。

森　透匡（もり・ゆきまさ）

一般社団法人日本刑事技術協会 代表理事。元千葉県警警部。詐欺、横領、贈収賄事件などを扱う知能・経済犯担当を約20年経験。退職後、刑事時代に体得したスキル、知識を用いて社会生活の向上とビジネスの発展に寄与する目的で、一般社団法人日本刑事技術協会を設立。著書に『元刑事が教えるウソと心理の見抜き方』（明日香出版社）、『元知能犯担当刑事が教える ウソや隠し事を暴く全技術』（日本実業出版社）、『刑事（デカ）メンタル』（ダイヤモンド社）がある。

平松　類（ひらまつ・るい）

眼科専門医。昭和大学医学部卒業。彩の国東大宮メディカルセンター眼科部長等を経て、現在、二本松眼科病院にて治療を行う。高齢者の患者が多い病院の眼科医として、延べ10万人以上の高齢者と接してきたことから、高齢者の症状や悩みに精通している。著書に『老人の取扱説明書』『認知症の取扱説明書』（SBクリエイティブ）、『老眼のウソ』（時事通信社）などがある。目の健康と病気についてわかりやすく解説するYouTubeチャンネル「眼科医平松類」も人気。

三平　洵（みひら・じゅん）

一般社団法人地域防災支援協会 代表理事。慶應義塾大学大学院政策・メディア研究科修士修了。東京工業大学グローバルCOE研究員（RA）などを経て、防災に関するアドバイスを行う株式会社イオタ代表に。2014年に一般社団法人地域防災支援協会を設立。地域防災で必要な人材や組織の育成支援や、防災対策ができる環境づくりを支援する。監修に『シニアのための防災手帖』（産業編集センター）がある。

本文・表紙デザイン　鷹觜麻衣子
本文・表紙イラスト　熊猫手作業社・長田充代
DTP　株式会社明昌堂
編集・執筆　糸井千晶（cocon）
校正　株式会社聚珍社

参考文献

『大人のおしゃれ手帖特別編集　シニアのための防災バイブル』（宝島社）
『マンガでわかる！　高齢者詐欺対策マニュアル』（ディスカヴァー・トゥエンティワン）
『狙われない！　10のシニア防犯生活術』（本の泉社）

高齢者を身近な危険から守る本

2021年12月25日／発行
監修者　森 透匡、平松 類、三平 洵
発行者　池田士文
印刷所　図書印刷株式会社
製本所　図書印刷株式会社
発行所　株式会社池田書店
〒162-0851
東京都新宿区弁天町43番地
電話 03-3267-6821（代）
FAX 03-3235-6672

ISBN 978-4-262-16042-9

21015012